汉字重逢

如水又如禾

郑博文◎著

四川科学技术出版社

图书在版编目（CIP）数据

汉字重逢 . 如水又如禾 / 郑博文著 . -- 成都 : 四川科学技术出版社 , 2024.1
ISBN 978-7-5727-1186-2

Ⅰ . ①汉… Ⅱ . ①郑… Ⅲ . ①汉字 – 儿童读物 Ⅳ . ① H12-49

中国国家版本馆 CIP 数据核字 (2023) 第 204093 号

汉字重逢　如水又如禾

HANZI CHONGFENG　RUSHUI YOU RUHE

著者　郑博文

出 品 人	程佳月
策划编辑	江红丽
责任编辑	江红丽
助理编辑	潘　甜　苏梦悦
插　　图	刘　伟
装帧设计	黄而锴　四川看熊猫杂志有限公司
责任出版	欧晓春
出版发行	四川科学技术出版社 地址：成都市锦江区三色路 238 号　邮政编码：610023 官方微博：http://weibo.com/sckjcbs 官方微信公众号：sckjcbs 传真：028-86361756
成品尺寸	170 mm × 240 mm
印　　张	43
字　　数	860 千
印　　刷	四川华龙印务有限公司
版　　次	2024 年 1 月第 1 版
印　　次	2024 年 1 月第 1 次印刷
定　　价	159.20 元（全 4 册）

ISBN 978-7-5727-1186-2

邮　　购：成都市锦江区三色路 238 号新华之星 A 座 25 层　邮政编码：610023
电　　话：028-86361770

汉字重逢

如水又如禾

水的流动，禾的生长，年年岁岁，似乎理所当然。但你是否想过，水为何永远从高处向低处流淌，是谁做了这样的规定？大海像一个无边无际的蓄水池，它何以永不枯竭？是什么力量使幼嫩的禾苗破土而出，它的生长有没有可能越过时间的规则？古人早就想过这些，还从水之动、禾之生这两件事里，读懂了两个字：蓄与养。万千分散的水流朝向大海蓄聚，这像是善行的积蓄，也像君子的志向；无数幼嫩的禾苗努力生长结实，这像是德行的养育，也像君子的坚守。

目录

写入江海的诗行

一桩黄金的心事

水

写入江海的诗行

"水"字
言"蓄"

百川东流，是谁在天地间写下诗行？古人持一个"水"字，来解读诗里的聚蓄之道。自高处、实处来，向低处、虚处行。从小的时空来看，水流仿佛四散不聚，总在流逝，一去不返。但从天地所在的大时空来看，则没有一条河流是随意的，它们都有明确的归向，朝暮不止地聚蓄到江海之中。这样的水启发了君子，君子效法东行之水，行仁积善，日新其德，未有徘徊。最初的泉流只有微弱的声响吗？还是说它悄悄酝酿着沧海的前奏？

水

水给人以生命，也给人万般功用与启示。江河湖海，清流激湍，霜雪雨露，无不是水；绿树繁花，飞鸟鱼虫，禾麦稼穑，莫不依水养育。它既是九天悬挂的一川壮阔，又是润物无声的点点温柔。渗透了时节月令，万物聆其密语；纵横千里山原，今古戴其恩泽。它是险，是难，是深堑的考验；是善，是德，是君子的尊师。

◎甲骨文

“水”的本义

“水”是一个象形字，它的甲骨文字形就像一条蜿蜒流动的河流，中间的那条曲线代表河流的走向，曲线两侧的几个小点代表河里的水花和波澜。因此，“水”的本义即河流。

◎金文

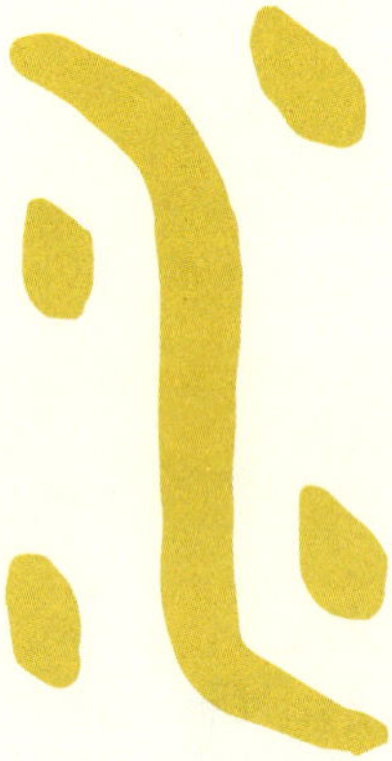

◎小篆

大大小小的河流都是依地势的高低顺流而成，河道大多是弯曲而非笔直的，所以古人将中间的线条画成了曲线。后来随着汉字的演变，曲曲弯弯的线条不容易书写，它便逐渐被改造成一个竖画，演变成了今天所写的“水”字。

坎德

《周易》八卦之一的“坎”，其卦形为“☵”，它所对应的自然物象就是水。只要将这个卦形旋转九十度来看，就会发现它恰似甲骨文“水”字的构形，只不过笔画有平曲之别。卦形中间的长横“—”代表阳，上下的两个短横“--”则代表阴，这也象征了水内刚外柔的特性。水有从高处向下流动的“就下”的性质，古人称之为“坎德”，用来比喻君子谦卑的美德。

因为“水”的本义是河流，所以古时黄河不叫黄河，叫“河水”，渭河不称渭河，称“渭水”。《诗经·国风·蒹葭》中有：“所谓伊人，在水一方。”意思是，我所怀念的心上人就在对岸的河边上。王安石《泊船瓜洲》中有：“京口瓜洲一水间，钟山只隔数重山。”京口和瓜洲两地只有一水之隔，这“一水”，便是指长江。此外，“淇水汤汤，渐车帷裳”[1]中的“淇水”，“风萧萧兮易水

◎楷书

◎隶书

[1] 出自《诗经》。《诗经》是中国最早的诗歌总集，收集了西周初年至春秋中叶的诗歌。

寒”[1]中的“易水”，“淮水东边旧时月”[2]中的“淮水”，“胜日寻芳泗水滨”[3]中的“泗水”，等等，皆指河流。

《古诗十九首》里也提及“一水”，“盈盈一水间，脉脉不得语”中的“一水”，是指横亘在牛郎与织女中间，使他们只能相望而不得言语的银河。银河是天上的“河”，因而也能叫作“水”。

1 出自刘向编订的国别体史书《战国策·燕策三》。

2 出自刘禹锡的《金陵五题·石头城》。

3 出自朱熹的《春日》。

刘皂《渡桑干》中有："无端又渡桑干水，却望并州是故乡。"诗中的"桑干水"，即今时桑干河。传说其因于每年桑葚成熟之时干涸而得名。诗人在异乡并州客居了十年，唯觉飘零而无归属，但等真要渡河离去时，又忽觉此地如故乡。"故乡"有时候不是一个确切不变的地理概念，它的真正内涵常常随境而迁，难以定论，人的经历、情感和追求，都深刻影响着这个词的定义。诗人渡过这条桑干水时，把这个亘古的矛盾表达了出来。人的一生中大概总有那么一个时刻，某种关乎故乡的情思突如其来，最适合想起这首诗。

"水"的引申义

由河流的本义，"水"引申为各类水域的总称。早在《尚书·商书·微子》中就有："今殷其沦丧，若涉大水，其无津涯。"这是说，如今殷商的衰亡已无可挽回，犹如人走在渺茫水域之中上岸无门。晏殊有词云：“欲寄彩笺兼尺素，山长水阔知何处？”意思是，想用彩纸和素绢给你寄书信，可是山水重重，我怎知你在何方。

由“水”的本义继续引申，它成为水这种无色无味的透明液体的名称。《荀子 · 劝学》中有：“冰，水为之，而寒于水。”杜牧《秋夕》中有：“天阶夜色凉如水，卧看牵牛织女星。”这时，“水”字便可以组词构成任何状态的水了，可以是“静水”，也可以是“流水”；可以是“清水”，也可以是“浑水”；可以是清风乍起吹皱的一池“春水”，也可以是自天上而来奔流到海的“黄河之水”。

至此，“水”方成为水。

当水最终成为水，它也一跃成为中国人至柔至刚、包容广纳、善利万物的精神象征。老子说：“上善若水。”

泉原

面对河流，没有人心中不曾有这样的疑问：它最初是从何处来？得见源头并非易事，但道理却很分明，古人云：『天下难事，必作于易；天下大事，必作于细。』水亦如是：大江大河之磅礴浩荡，也必定始作于一股清『泉』的缓缓细流。

“泉”的本义

◎甲骨文

“泉”的甲骨文构形，像一个三面围绕、一面开口的泉眼，中有水流汩汩涌出；到了金文，“泉”的笔画有所减省，但其所示之义并无改变。小篆字形则有所变化，乍一看，它更近于泉水流成一条小河的样子。因此，“泉”的本义就是水源，即所谓“源泉”。

◎甲骨文

在山中见过泉水潺潺的人，最能感受“泉”这一字形的精妙。它从上而出，往往不知来处，需攀登而上，不断找寻那泉眼所在的方位。一路上，唯闻泉水一跃而下，不断击石的声响。隶书以后，“泉”的字形则被分割为上下两部分，由

◎金文

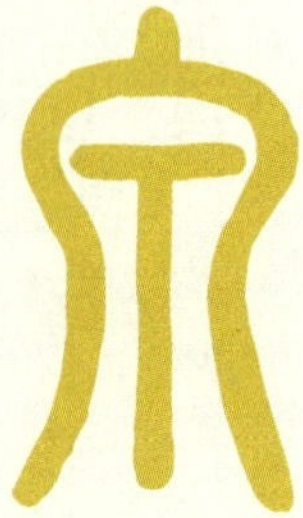

◎小篆

◎隶书

◎楷书

“白”“水”构成。虽然新的字形已丢失了当初造字的本意，但被突显而出的“水”字则更明确了泉的本质。

《周易》中有：“山下出泉，蒙。”意思是，泉发于山崖之下，尚未成流，未有清晰的去向，是蒙昧待明之象。《诗经·大雅·召旻》中有：“池之竭矣，不云自频。泉之竭矣，不云自中。”这是说，池水的枯竭，总开始于边沿；泉水的断流，总开始于途中。

“泉”的引申义

泉水总自地下涌出，因此“泉”可引申为地下水。《荀子·劝学》中有：“蚓无爪牙之利，筋骨之强，上食埃土，下饮黄泉，用心一也。”意思是，蚯蚓身躯柔软，既没有锐利的爪牙，也没有强健的筋骨，却能啃食周遭的泥土，掘饮地下深处的水，这皆因其用心专一。荀子以此为喻，意在言明人必须专注才能学有所得、行有所成。句中的“泉”即地下水，“黄泉”便指地下深处的水[1]。《荀子·荣辱》中有：“短

[1] “黄泉”一词又由此义引申为人往生后的居所。

绠不可以汲深井之泉。”这是说，水桶上的绳索如果短了，便不能用来吊取深井里的水。句中的“泉”是指井水，井水当然也是地下水。这句古训后演变为成语“短绠汲深”，用来比喻能力有限，不足以胜任艰巨的任务。

早自周代起，“泉”字还可指一种特别的东西——钱。为何两者之间存在这种关联？古人云：“钱之为泉也，贵流通而不可塞。”[1]钱之要，在于流布和通行，在于源源不

[1] 出自《金史·食货志三》。

断，这恰似泉水的特质，因此古人以“泉”表示“钱”。在一些古籍中，钱常常被称为“泉布”“货泉”“泉币”。中国现存的最早记录钱币的专著也未以“钱”字称名，而是定名为《泉志》。《汉书·食货志下》中认为货币“宝于金，利于刀，流于泉，布于布，束于帛”，即比黄金更宝贵，比刀更锐利，比泉水更流畅，比布更能铺开，比帛更能聚集。这段话可视作钱、泉二者之关联的诠释。

“原”的本义

◎金文

《说文解字》中对“泉”的解释是：“泉，水原也。”这一说法是精确的，“原”正是在“泉”的字形基础上增造而来。“原”的金文字形，是在“泉”字的左上方画了一个像台阶一样的直角折线。事实上，这个直角折线的确是指石阶，却是一个非比寻常的巨型石阶——山崖峭壁。它所刻画的场景不难想象：泉水涌发于山崖之下。

◎金文

所谓“人往高处走，水往低处流”，河流多发源于地势较高的山脉。古人画明山崖之象，正是为了强调此乃河流发源之地。到了篆文时期，它的字形甚至可以写作山崖下有三个“泉”。古人造字时，“凡言物之盛皆三其文”[1]，三个“泉”就代表着很多泉，这是股股泉水于山岩中流出的景象。因此，“原”字本义即河源。

[1] 出自段玉裁的《说文解字注》。

“原”的引申义

河源是河流始发之处，因此“原”便引申为事物的起始和根本，构词如“原始”“根原”“本原”。荀子所言“宗原应变，曲得其宜”，意即尊奉根本准则以应对时事之变，周遍思虑而能面面俱到。将此义转用作形容词，“原”就表示本来的、基础的、初始的，构词如“原著”“原地”“原封不动”“原班人马”。

用作动词，“原”可以指推究根本、探求本原。“原心定罪”是《春秋》一书的大义，意即推究本意来定下罪名；《周易》中的“原始要终”，意即探求事物发展的起源及结果。此外，“原”还有宽恕、谅解、赦免之义，构词如“原谅”“原宥”“情有可原”，这项含义看似有些突出，实则“原”在其中也表示推求事件缘由的过程——理解过错、祸害之事发生的来龙去脉，方可冰释咎责而施以宽恕。

当“原”的各项引申义变得广泛而常用，为避免混淆，古人又为其增添“氵”部而另造了新字“源”，专门用来表示河源的本义。《孟子·离娄下》中有："资之深，则取之左右逢其原。"意思是，君子涵养积蓄得足够深厚，行事用学便如处处得逢水源般如意而不枯竭，此即成语"左右逢源"的出处。《荀子·君道》中有："源清则流清，源浊则流浊。"这是说，如果河源清澈，下游水流也就清澈；相反，如果河源污浊，下游水流也就污浊。荀子以此作喻，来说明国君要清正廉明、洁身自好，臣民才能把君王当作榜样并规范自己的行为，成语"源清流洁"即典出于此。

除了这些以外，"原"字还有一个特殊的用法，即被假借用于表示宽广而平坦的地面，此即《尔雅》所载的"广平曰原"，构词如"平原""高原""草原""星火燎原"。白居易有诗云："离离原上草，一岁一枯荣。"原野草长，茂盛无言，但随四时枯荣有序而生生不息。

◎原 楷书

水之蕴蓄始自于"泉"，泉出山下，是源头活水之发，有喷涌不竭之质。古人云："求木之长者，必固其根本；欲流之远者，必浚其泉源。"[1] 君子凭源知远，万里等闲。

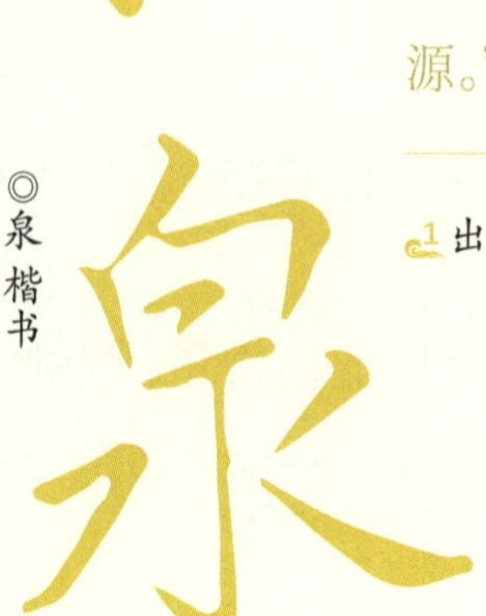

◎泉 楷书

[1] 出自魏徵的《谏太宗十思疏》。

流

泉而未发为源，发则为『流』，正所谓『泉涓涓而始流』。千万里长途征行自此而始，大时空的水之图卷以此次第展开。

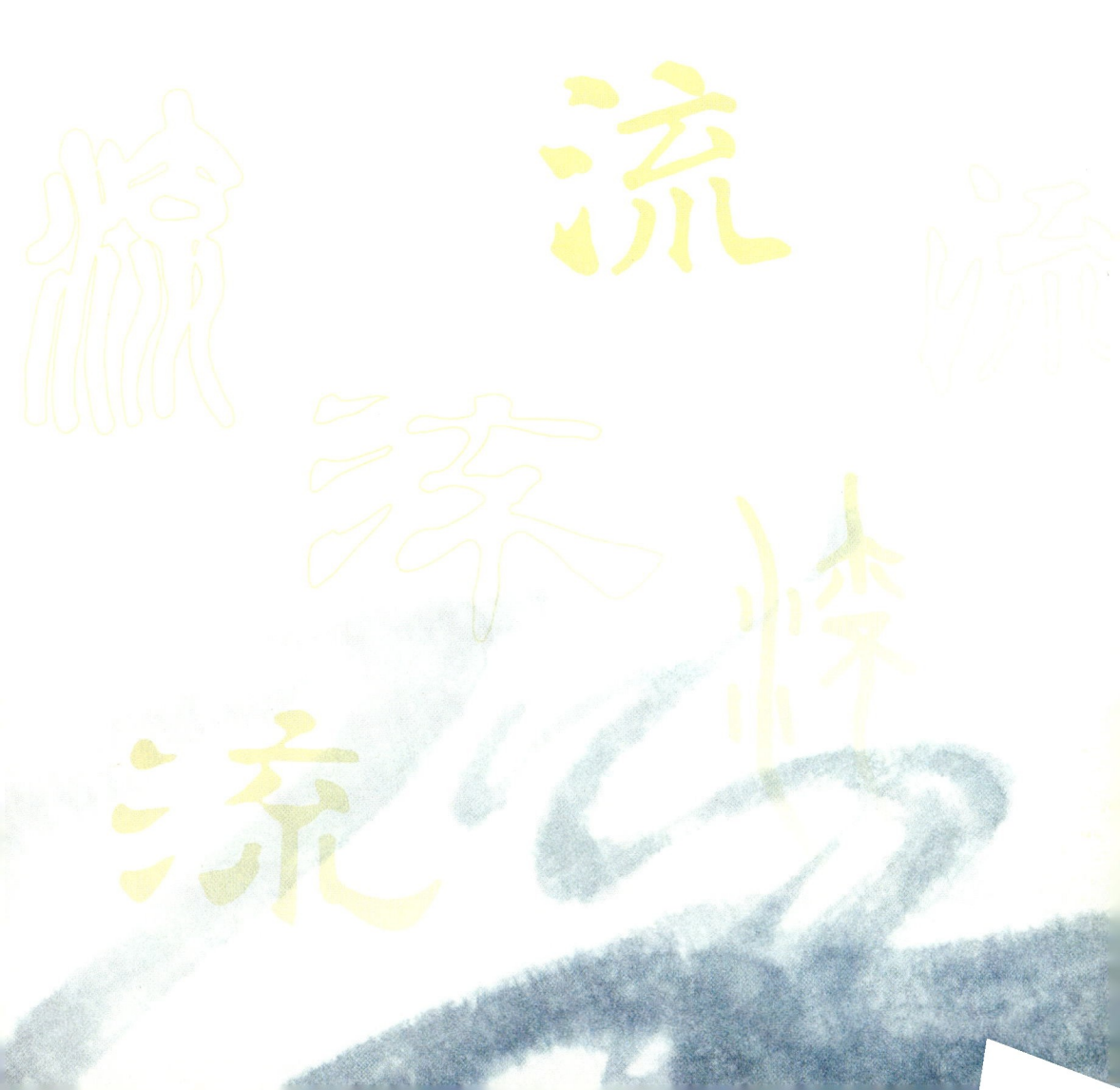

“流”的本义

◎金文

“流”字右部的“㐬”，原先也是一个独立的字，它的甲骨文，刻画的是一个婴儿顺产降生的样子：他的头朝下、脚朝上，还伴随着出生时的羊水。婴儿脱离母体，顺产出生为“㐬”，将“水”“㐬”两部分组合一处而成“流”，就表示水脱离水源顺势移动，构词如“流淌”“流动”“细水长流”。所谓顺势移动，即在无外力干扰之时，水的本性总是依据地势的高低，往特定的方向趋下而行。正如辛弃疾所言：“青山遮不住，毕竟东流去。”这是说，青山怎么能把江水挡住？江水毕竟还会向东流去。此义转用为名词，“流”则表示流动的河川之水，构词如“清流激湍”“源远流长”。荀子有言：“不积小流，无以成江海。”

◎小篆

◎隶书

带“㐬”的字

基于婴儿顺产的意象，以“㐬”为部件的字，便多带有顺利、顺畅的含义。“毓”表示母亲顺产生养孩子，“疏”为行动通顺没有阻塞，“梳”为理顺头发的木制器具。

“流”的引申义

除了水沿着地势移动之外，“流”还引申为其他事物的顺势移动，如时光有去无回，因称“流年”；星自天外坠落，因称“流星”。《诗经·豳风·七月》中有：“七月流火，九月授衣。”这是说，阴历七月大火星向西滑落，到了九月便开始缝制过冬的寒衣。如今不少人将“七月流火”误用为形容天气炎热之词，其实恰恰相反，它是指夏去秋来、寒天将至。因为这里的“火”并非一般水火之火的意

◎隶书

◎楷书

流

◎隶书

流

◎楷书

流

◎楷书

义，而是指天上的大火星[1]。这里的“流”则为星辰依势运转，此处具体是指大火星在天上位置的迁移——每到秋凉将至，黄昏时现身的大火星，就日渐从南面的天空向西沉落，仿佛将整个世界夏日的火热都一齐拖向了远方。

水依地之势，物随水而移，此即“漂流”。《诗经·小雅·小弁》中有：“譬彼舟流，不知所届。”意思是，我如小舟般随水飘荡，不知何处才是归宿。古有“曲水流觞”，是由上巳节派生出的一种习俗，人们在举行祓禊仪式后，纷纷在水渠两旁落座，放置盛好酒的杯盏于上

---

1 大火星，即中国古代星象学中“苍龙七宿”中的心宿二（西方星象学称其为天蝎座 α 星），是一颗发出火红色光亮的红超巨星，在群星之中很是夺目。相传早自颛顼帝时，就有人负责专门观测这颗星，并凭借它相对于地球的方位来判断季节。

游，并任其漂流而下，杯停在谁的面前，谁即取饮，因称“流觞”，文人墨客更凭此以行吟诗唱酬之事。《兰亭集序》中的“引以为流觞曲水，列坐其次”述说的便是此种情景。

“流”的引申义还有很多，大都是借了水之顺势而行的特征。比如信息、名声的传布可以称“流”，所谓“流传”“流行”“流风”“流芳百世”；情绪的顺势显露，可称“流露”，鲍照有诗云：“箫鼓流汉思，旌甲被胡霜。”形容

◎隶书

◎楷书

文辞音乐顺畅、动听，可称“流便”“流利”“流美”；月光款款自夜空倾斜而下，在张若虚的笔下是“空里流霜不觉飞”“愿逐月华流照君”。

此外另有一些引申义，是借了水之任意流散、行迹无定的状态，比如“流云”“流民”“流矢”“流言”；“放任自流”，意即任凭事物自然发展而不加过问与制约；“旁行而不流”，意即变通应对而能保持中正，不致过分与放纵。

水之蕴蓄，至于“流”而有顺势向远之行，贯穿万里征途之终始。水之顺流仿佛人之诚信。《周易》中有：“水流而不盈，行险而不失其信。”君子效法水流之象，顺势而行，从善如流。

川

泉水从源头流出，慢慢地流淌出一条条确切的水路，其中已初成气象、奔流有声的，古人名之为『川』。

“川”的本义

◎甲骨文

“川”的甲骨文字形是三条近似平行的曲线：中间这条曲线代表蜿蜒的水流，旁边两条代表水流冲刷形成的两岸。显然，相较于“水”字，“川”字中的河道之形，更强调这是有冲击之势和贯穿之力的水流。这便是《说文解字》所言：“川，贯穿通流水也。”

◎金文

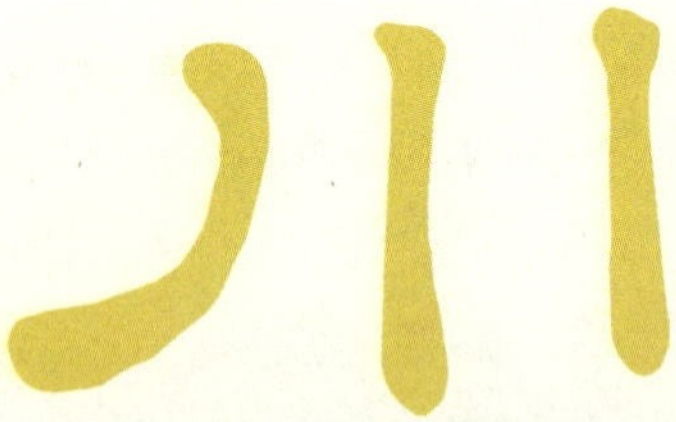
◎隶书

“川”的本义即沿两岸穿行之河，字里带有强烈的流动感，构词如“川流不息”“百川沸腾”[1]“星奔川骛”[2]。《周易》中多见“利涉大川”之言，这里的“大川”即以奔腾大河水流汹涌难越之状，来象喻险难困阻之境。《论语·子罕》中有：“子在川上曰：‘逝者如斯夫，不舍昼夜。’”这是

1 出自《诗经·小雅·十月之交》：“百川沸腾，山冢崒崩。”

2 星奔川骛，意思是如流星飞驰，江河涌流。形容迅速疾快。

孔子见奔流的河水，感慨时间也如此一般穿行流逝，日夜不停。用“川”不用“水”，正因“川”字内含穿行不息的意味。至于李白的“遥看瀑布挂前川”，以高悬挂起的“川”来言说瀑布，也是因瀑布是急速流动的。

◎页 甲骨文

带“川”的字

川流有顺势下行的特征，因此字形中包含“川”的字往往带有“顺”的含义。“顺”字本身，就是由“川”和“页”两部分组合而成，“页”的甲骨文其实是一个大脑袋的人形，与“川”合在一起，就是指人面纹理之顺，所谓“顺心”“顺从”就由此而来。再如“训”，是“讠”加“川”，意即用言语使人顺，换言之，便是用言语来教导别人，将其行为、心思理顺，所谓“教训”“训诫”“训导”即是此义；“驯”，是“马”加“川”，这显然指的是使马顺，把一匹性格暴躁的烈马变成脾气温驯的良马，便是人们说的“驯服”“驯化”。

◎顺 小篆

◎训 小篆

◎驯 小篆

“川”的引申义

又因河川表面总是基本均匀平坦的，因此古人还常以“川”代指宽广平坦之地，即原野、平原。“一马平川”，是能够纵马疾驰的广阔平地；“八百里秦川”，一般指关中平原。

◎小篆

《乐府诗集·敕勒歌》中有："敕勒川，阴山下。天似穹庐，笼盖四野。"敕勒川这块广阔的平原，其边际连接在伟岸的阴山脚下。天空好像一顶帐篷，罩住了草原的四方。如果把敕勒川比作是水，那么阴山就好比是岸。这两句描绘了天高地远、草原辽阔、牛羊时现的北国景象，让人们世世代代充满向往、竞相传唱。翁卷有诗云："绿遍山原白满川，子规声里雨如烟。乡村四月闲人少，才了蚕桑又插田。"山坡和原野草木繁茂，被大片的绿色所占领，而宽阔平坦的稻田里则倒映着白色的天光。烟雨蒙蒙中杜鹃声声啼唤，仿佛催促着人们，莫为陶醉这四月的美景而懈怠了江南初夏的农桑。"川"在这里指平坦的稻田。稻田在插秧时节灌足了水，有水之后就又成了"川"——一个"川"字在这里就有了引人深思的妙意。

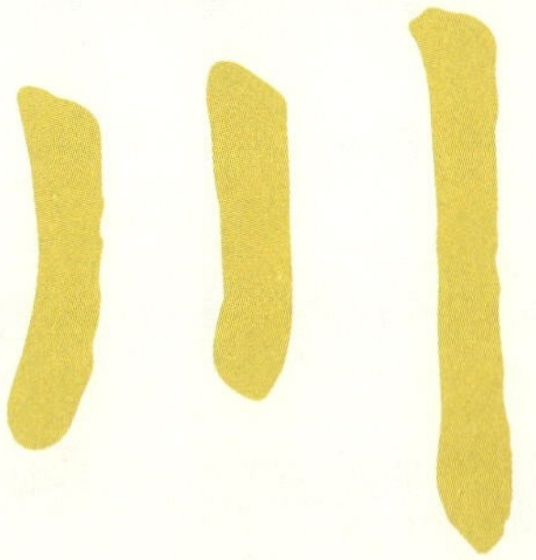

◎楷书

水之蕴蓄，至于"川"而有长流开路，冲行而下，贯穿千里，若无穷尽。《道德经》中有："道冲，而用之或不盈。"

州

河川沿岸冲行，奔涌穿流，途中会遭遇无数山石的障碍，但并没有什么能够阻拦其前行的意志。河流会绕过这些障碍，反以包围之势将大大小小的岛屿、高地揽入怀中，这就形成了一个个『州』。

“州”的本义

“州”的甲骨文，是在“川”的甲骨文字形之上变化而来。在“川”字中间这条表示水流的曲线之上加一个小圆圈，这就是“州”。这个小圆圈就表示在河流中间凸起、高出来的一块陆地，它在金文中有时还写为一个实心的圆点，但这并不影响其表意。至楷书，字形最终定形为“州”，“州”的本义即河川中的高地。不过，“州”字本义后来被其晚起字“洲”所取代。

◎甲骨文

《诗经·周南·关雎》中有：“关关雎鸠，在河之洲。窈窕淑女，君子好逑。”意思是，关关鸣叫的雎鸠，相伴在河中的小洲上。那位心美人也美的女子，是君子的佳偶。李白《登金陵凤凰台》中有：“三山半落青天外，一水中分白鹭洲。”这是说，高耸的三座山，在天边云雾中半隐半现，而秦淮河被杵在正中的白鹭洲分割为两条水路。句中的“一水”是指秦

◎金文

◎小篆

淮河，它就对应字形最中间的这条曲线；“白鹭洲”，显然就对应曲线中央这个表示高地的小圆圈；白鹭洲挡在前方将秦淮河一分为二，使其左右绕行过后再汇合，这就是“中分”。这样的诗句引人入胜，言辞中有景有情，还有意象和字理。

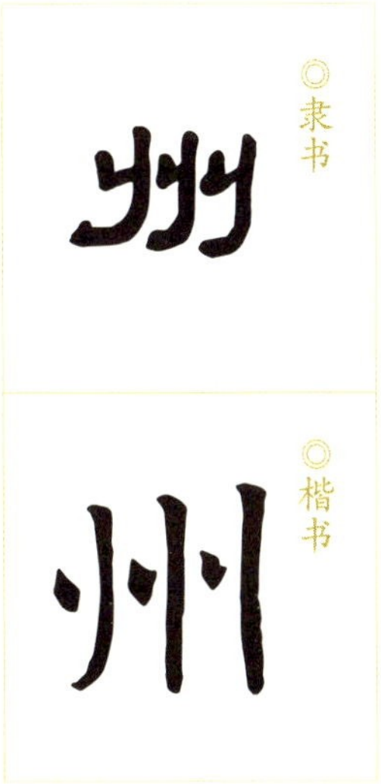

“州”和“洲”

“州”字本义后来被“洲”所取代，是何缘故？这恐怕还要从上古时代说起。

相传在上古时期，中华大地遭遇了一场大洪水，大禹受命治水，经过十三年艰苦卓绝的努力，洪水终得疏治，江河重归畅通，百川东流入海。曲折流淌的河川也在中华大地上包围出了九片陆地，大禹治水期间，人们居住于未被江河淹没的水中高地上。“水中高地”，正合乎“州”字本义，因此，有了九州[1]。后来，它们分别得名：冀州、青州、徐州、兖州、扬州、梁州、豫州、雍州和荆州，以“州”字来划分地理区域的传统也自此开始。

[1]《说文解字》中有：“州，昔尧遭洪水，民居水中高土，故曰九州。”

后来，“九州”成了中国的代称，阮籍“登高望九州，悠悠分旷野”[1]的孤独远望，陆游“但悲不见九州同”[2]的遗恨，都倾注于“九州”之上。到了汉代，全国分为十三州，到晋代又分为十九州，后来州的管辖范围逐渐缩小，州的数目猛增。辛弃疾有词云：“千古风流今在此，万里功名莫放休。君王三百州。”这是以“三百州”来代指宋王室的国土。

1 出自阮籍的《咏怀八十二首》。

2 出自陆游的《示儿》。

就这样，“州”字逐渐开始专门用于地名或地方行政区划名。那么，人们想要表达“水中的高地”这项含义时就有所不便了。为解决这一问题，古人便在“州”的基础上，增“氵”另造了“洲”字来表达本义。这便形成了新的用字规范，比如当今世界分

◎州 甲骨文

◎州 楷书

◎洲 隶书

◎洲 楷书

为“七大洲”，即亚洲、欧洲、北美洲、南美洲、非洲、大洋洲、南极洲，之所以用“洲”不用“州”，正因七大洲也是被海洋包围的七块巨型高地大陆，并非行政区划。再如美国的加利福尼亚州、亚利桑那州，众所周知，皆为特定行政区域，并非水域包围之高地，因此用“州”不用“洲”。

水之蕴蓄，至于“州”而有绕障曲流、环抱山陆之状，能通则冲，不通则容。《周易》中有：“君子以容民畜众。”

衍

在江河大川奔流的途中，迎面而来的洲渚使河川一水『中分』，甚至『多分』；此外还可能因河水上涨，从原先的河道中溢出而成新的流向。描述这种河川分流状态的字，是『衍』。

◎川 甲骨文

“衍”的本义

“衍”的甲骨文，是在“川”的字形基础上，外加一个“行”。“行”之初文仿佛一个十字路口的俯视图，像四通八达的道路。“川”写于“行”中，意即河川向四方漫溢分流。后来，“川”被改为与其形义皆近的“水”，复又简化为“氵”，字形最终定为“衍”。

◎行 甲骨文

司马相如《上林赋》中有：“东注太湖，衍溢陂池。”意思是，河川向东归注太湖，沿途漫入潭泽池塘。王褒《洞箫赋》中有：“或浑沌而潺湲兮，猎若枚折；或漫衍而骆驿兮，沛焉竞溢。”这是用水流来形容箫声，意思是，箫声有时如混沌的池水徐缓流淌，又忽有枯枝断折般的脆响；有时又像江河之水向四方漫溢，纷涌争流，绵绵不绝。

◎衍 甲骨文

◎衍 金文

“衍”的引申义

河川向四方漫溢分流，则可能出现流向与河道增多的现象，“衍”由此引申为盛多、有余、丰足、富有，构词如“丰衍”“充衍”“饶衍”“余衍”。《荀子·君道》中有：“治则衍及百姓，乱则不足及王公。”意思是，国家安定，那么下至庶民百姓也能过得富足；国家混乱，那么上至王公显贵也会过得贫困。

◎衍 小篆

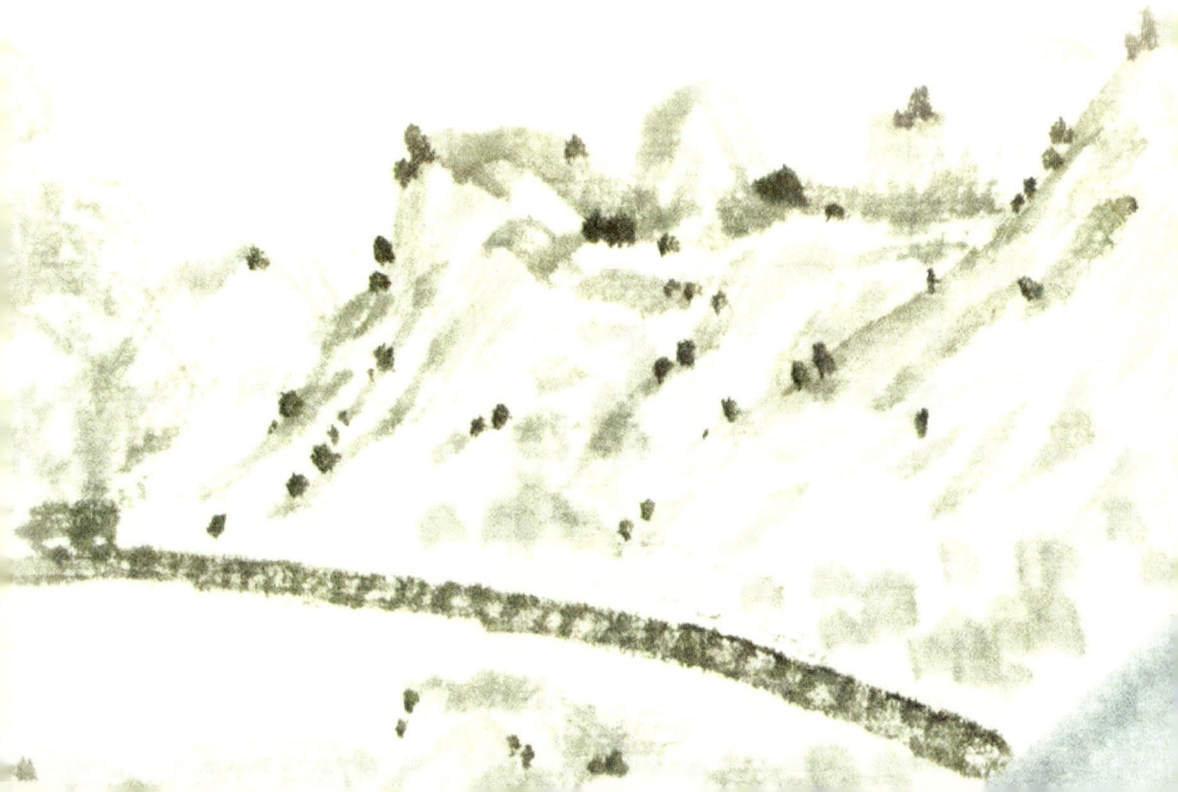

《管子·八观》中有：“荐草多衍，则六畜易繁也。”意思是，牧草丰茂，六畜就容易兴旺。

河川分流四散也是形成更广阔流域的过程，“衍”又由此引申为多余、多出。“人衍百岁”，即长寿者年龄超过了百岁的界限；“衍文”，是指书籍刊印中超出原文范围以外的多余字句。左思《娇女诗》中有：“浓朱衍丹唇，黄吻烂漫赤。”这是说，女儿淘气，拿着母亲的口红给自己涂，然而不仅涂得过浓，还涂到了嘴唇外围，一副天真可爱的模样。

“衍”与“漫”

◎漫 隶书

◎漫 楷书

有一个字与“衍”相似，言说的也是水的一种满溢之态，这便是“漫”。右部的“曼”与左部的“氵”合而会意水流的扩张——在雨水多发的季节，河流有时会因水涨而满溢外流，这正是“漫”之所言，构词如“漫溃”“漫衍”“漫没”。李峤有诗云：“霜吹飘无已，星河漫不流。”这是将银河外的点点寒星看作它涨溢而出的水花。同理，某物充满、遍布某处，也正像水满四处外溢了一样，就有了“弥漫”“漫山遍野”。

◎衍 楷书

◎衍 隶书

满溢而出的水任意四散而无定方，因此“漫”又引申为随意无方、不受约束，构词如“漫无目的”“漫不经心”。杜甫有诗云：“却看妻子愁何在，漫卷诗书喜欲狂。”

这是说，战乱平定、山河收复的喜讯传来，回头看妻子和孩子脸上的愁云早已散去。欣喜若狂的诗人随意卷起书籍诗稿，顾不得整理，还乡心切。此外，又因水流必顺势长行，“漫”还引申为路途或时间之长，构词如“漫长”“漫远”“漫漫长夜”。屈原有千古名句：“路漫漫其修远兮，吾将上下而求索。”

水之蕴蓄，至于“衍”而有四方分流之动，川流广布，润泽普施。《诗经·鲁颂·泮水》中有：“济济多士，克广德心。”

演

无论河川如何流衍四方，宏观上都仍有坚定向前长流的总趋势。描述这一总趋势的字，是『演』。

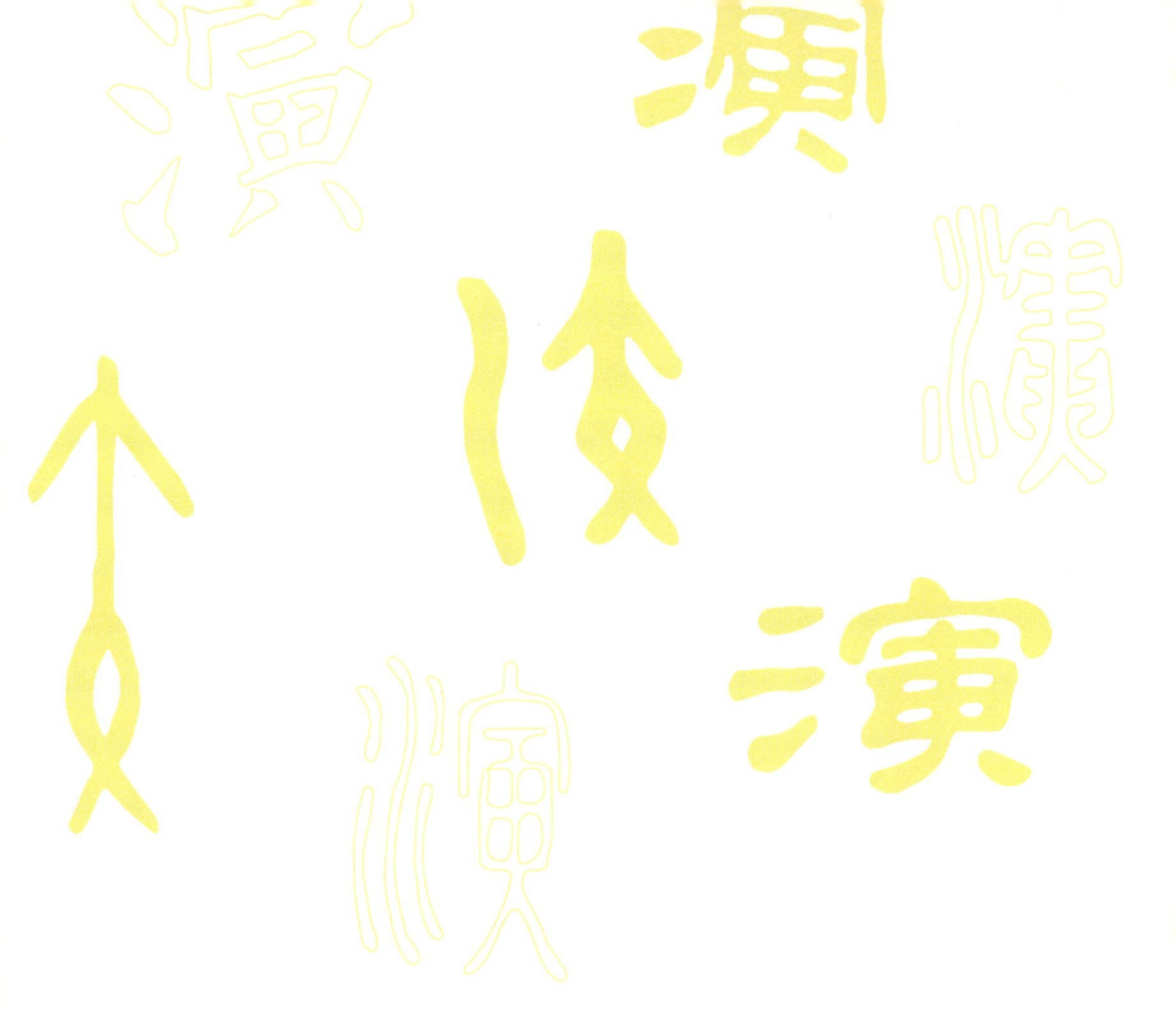

“演”的本义

◎演 甲骨文

“演”的甲骨文，左边是一条曲线，表示河流，右边是一支箭。这支箭画得形象而具体：上有尖角，表示锋锐的箭头，中间有一竖，表示笔直的箭杆，下部曲折交错的两笔，则表示箭杆末端用以搭弓发射的箭栝和用来平衡飞行的箭羽。其实，右边这个表示箭的部分，正是有箭矢之义的“矢”字。这枚箭的形象后来又经繁化，先是在箭杆中间增加了一个框，后又增添了一双握持它的手，最终变形为“寅”。它虽然已与最初的形象相差甚远，却仍保留了箭矢的中轴对称之形。

◎矢 甲骨文

将河流与箭矢组合一处，古人以此来作出比喻：犹如箭矢朝前飞进一般，河川沿着自身的流向长行致远。因此，“演”的本义即河水长流。河川奔流向海，峦嶂无阻，一往无前。大江大河之所以能如此，正是因为它们势如劲弓射箭。“演”字里这支古老的箭，暗藏着古人对万古河川的咏叹。

庾阐《扬都赋》中有："左沧海，右岷山，龟鸟津其落，江汉演其源。"这说的是扬都的壮景：左临苍茫的东海，右倚雄伟的岷山。龟类、鸟类在这里迢迢远渡，长江、汉水都从这源头长流开来。

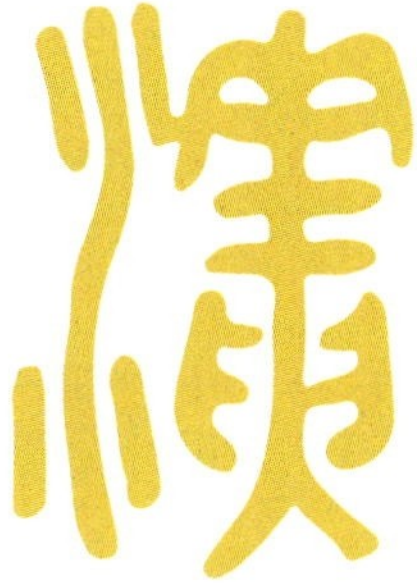

◎演 金文

◎演 隶书

◎演 小篆

"演"的引申义

由河水长流的本义，"演"引申为延长、延及，往往用以言说基业或精神，构词如"演承""演迪""崇演""光演"。《汉书·叙传下》中有："《河图》命庖，《洛书》赐禹。八卦成列，九畴逌叙。世代寔宝，光演文武。"上古先圣承天遗后的《河图》《洛书》、八卦、九畴等法则秘宝，其智慧之光一直延伸耀及周文王、周武王之世。

"演"还引申为依事理、思路、逻辑而延续推进某种行为，构词如"推演""演算""演绎""演证"，其所言说的都是将事物从一种状态，推理发挥到另一种更深层次的状态。司马迁《报任安书》中有："盖文王拘而演《周易》，仲尼厄而作《春秋》。”这是说，周文王被囚时推演了《周易》之学，孔子遭遇困境时编著了《春秋》之书。人生一世，拥有富贵不如拥有建树，如果能不被苦难所打败，便会反因之而丰厚其生。

“推演”与“推衍”

“推演”意即由推理而引出，“推衍”意即推断演绎。“演”与“衍”在此种含义上有相通之处。之所以相通，是因为无论“衍”之河川漫溢、变宽变广，还是“演”之河川延伸、变远变长，它们表达的都是河流的一种推进发展，因此都可引申为对事理的发展或逻辑的推导。《周易》中所言“大衍之数”，就

是推演天地万事万物所用的数，是易学数理之基；《庄子》中的“以卮言为曼衍”，就是以自然随意之言来推衍，是庄子于沉浊之世采取的一种著文理念。但如今，此义多用“演”。

与“推演”相似的词汇还有常用词“演义”。所谓“演义”，即事实本义之延长，换言之，就是在真实事件的基

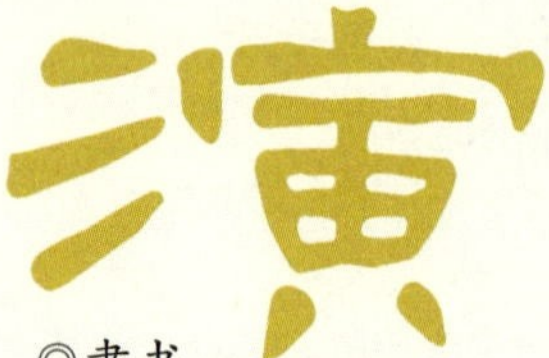
◎隶书

◎楷书

◎楷书

础上加以人为的、艺术性的发挥。被誉为中国四大名著之一的《三国演义》，就是在三国史实的基础上加以艺术虚构而成。比如周瑜本是病死的，却在小说里被写成是被诸葛亮气死的，作者之所以这样处理，是为突出诸葛亮的智谋高明并增加战争的戏剧性。其实，历史上的周瑜是“性度恢廓”“雅量高致”之人，并非这般气量狭小。与《三国演义》相对应的，是西晋史学家陈寿所著史书《三国志》。对比两者，《三国志》所记载的历史较为真实可靠，而《三国演义》是小说，叙述的情节有虚构的成分。至于“演戏”“表演”“演练”“演习”等，皆为虚构的表现或预设的操练，本质上也是此义。

水之蕴蓄，至于“演”而长行如箭，虽遇千峦万嶂而不被阻断。若流水满盈而矜功不前，则不能至百里，何况山河万里、东行入海。《道德经》中有：“不自矜，故长。”水不自矜而向海长行，日月不自矜而经天长明，草木不自矜而春华长生。

派

河川衍演奔流，伸张其姿，恢宏气象，会在水域图卷之上，逐渐发展出不同的河道。如此一来，一条大河就会形成主流与支流的层次之别。河流此一阶段的状态，古人以『派』名之。

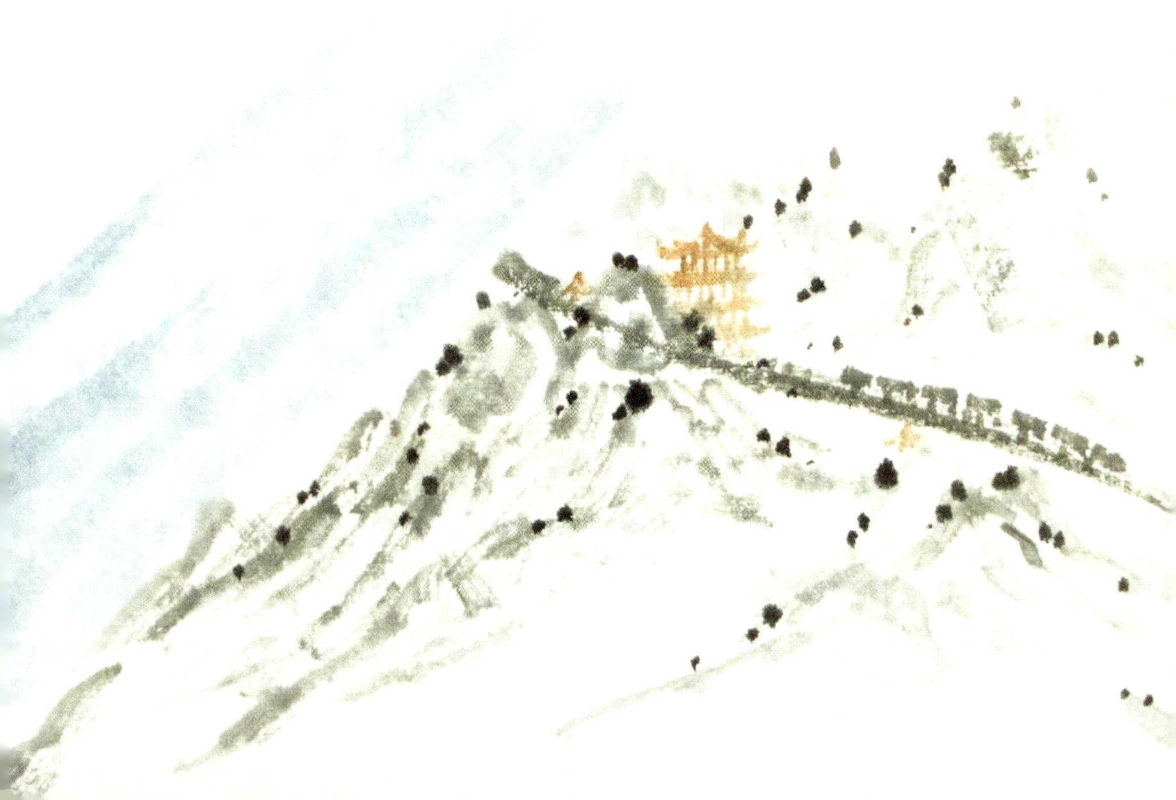

“派”的本义

◎𠂢 甲骨文

“𠂢”字的甲骨文，像是从一条较粗的河道中，又分支出另一条较细的河道，在河道中间还有两条代表蜿蜒水流的曲线，它们各自与河岸平行。这不难让人联想到：这是一条从源头流出，已流了很长、很远的河，长远到已于各处分出了支流。这个字形后来就演化为“𠂢”，后又

◎𠂢 金文

◎派 小篆

增“氵”而成“派”。因此，“派”的本义即从主流中分生的支流，也即《说文解字》所言：“派，别水也。”

王维《汉江临泛》中有：“楚塞三湘接，荆门九派通。江流天地外，山色有无中。”诗中的“九派”，是指长江中游的九条支流。相传上古时期洪水泛滥，大禹带领民众抗洪治水，开凿江流，使九派相通。因此，古人用“九派”泛指湖

北、江西一带的长江，后也指整条长江。毛泽东有诗云：“茫茫九派流中国，沉沉一线穿南北。”这是一幅简洁又壮阔的写意画：浩渺的长江横穿中国，壮观的铁路纵贯南北。

“派”的引申义

◎派 楷书

支流相对于主流，是局部与整体的关系，“派”因此引申为某一整体的内部分支，构词如“流派”“教派”“门派”“同源异派”。江有九派，中国武术亦有多个门派，如武当派、华山派、峨眉派、昆仑派等。如果将武学传统喻为长河，各派武学正是这长河的不同支流。同样的道理，因具某些共性而归为同一支系的人，也可称“派”，比如人物设定有“正派”和“反派”，演艺明星有“偶像派”和“实力派”，文学风格有“京派”和“海派”，政治主张有“维新派”和“革命派”，思想流派有“儒家学派”和“道家学派”。

◎𠂢 小篆

如果将“派”用作动词，它便指像长河分出支流那样，将一部分人从组织中安排出去行动。所谓“分派”“指派”“派遣”“委派”，都是将工作任务分给某人，令其专门负责某事。

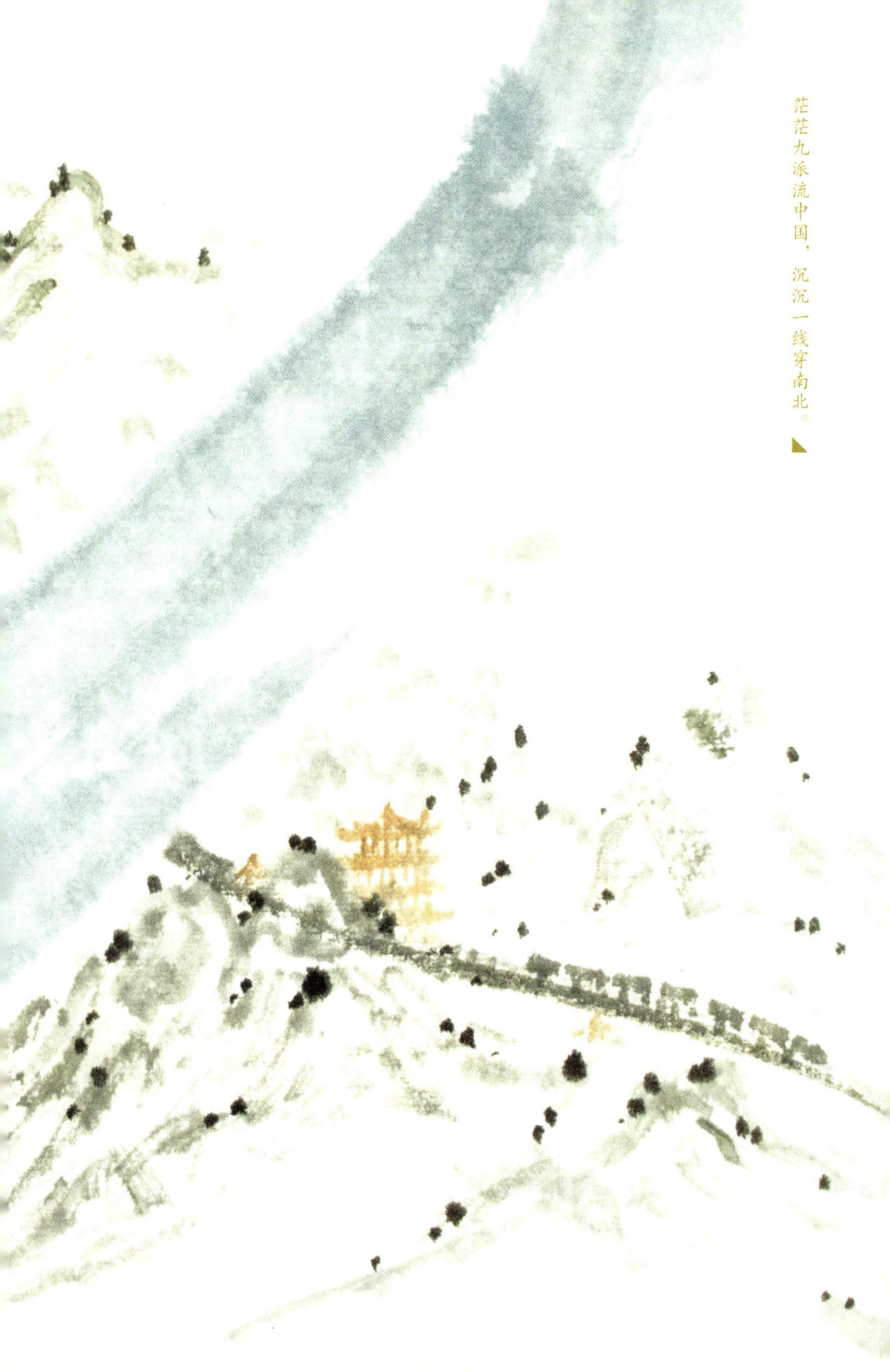

茫茫九派流中国，沉沉一线穿南北。

◎永 金文

“派”与“永”

有一个常用字与“派”是同源关系，这便是“永”。“永”与“𠂢”在甲骨文中其实是同一个字，也即河生支流的构形。它在后来的演变中逐渐分化为两字，分别为“永”和“派”。

◎永 甲骨文

两字的含义也随字形划分而区别开来——“派”字指自长河主体分出的支系，意即河川支流；“永”则指分生支流的长河的整体情状，意即水流长远。

《诗经·周南·汉广》中有：“江之永矣，不可方思。”意即汉江悠悠水流长，不能乘筏摆渡到对岸。

由水流长远之义继续引申，“永”可以表示普遍意义上的时空之长，构词如“永昼”“永远”“永恒”“永以为好”。通过“脉”“昶”等以“永”为部件的字，也可以看到“永”之“长”义，如“脉”是人体内的气血通路纵横延伸，“昶”是白日光照长时不灭。

◎永 楷书

◎永 隶书

◎永 小篆

◎派 隶书

水之蕴蓄，至于“派”而川脉交织、文理丰茂，如同人的血脉通布于全身。山原大地上的种种文明，也因之输养不竭，进而如叶长青。

海

一路浩浩荡荡、奔腾不息的千万条河川支流，最终要奔向何处？古人曾以八字作解：『百川派别，归海而会。』海是江河大川的故乡与归宿。

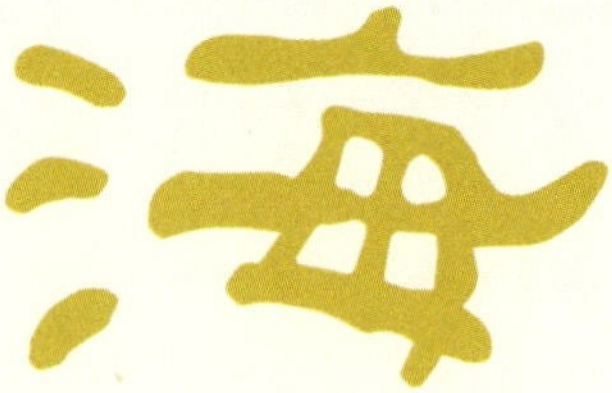

◎隶书

“海”的本义

“海”字自金文至楷书，字形始终由“水”“每”两部分组合而成。“水”指河流，“每”是跪坐在地上的女子的形象——她双手交叉在胸前，头戴发簪，温柔端庄地跪坐着。有时古人也将“每”直接写为“母”，但这并不影响字的表意。因此“水”“每”这两部分合而会意：河川之母。

◎金文

◎金文

以河川之母来定义“海”是精准生动的。首先，它符合水在天地间的循环之理。约占整个地球面积七成的海洋，其水蒸发以后，聚云成雨，渗地为泉，生成河流之水，正好比一个“海生众河”的过程。其次，千万条河川不分昼夜地顺流而下，一路奔行入海，这恰似无数归心似箭的返乡游子，重新投入母亲的怀抱。

中国的地势西高东低，长江、黄河等皆发源于西部的山脉而流向东方的大海，正所谓“百川东入海”。《道德经》中有："江海所以能为百谷王者，以其善下之。"[1]这是说，大海正是因为处在更低的地方，才成为百川所汇往之所。此言启发人们，唯有懂得谦逊、放低姿态，才能收获更多的信任与善意。

◎小篆

◎楷书

"海"的引申义

海之无边无际，令其成为大的代名词，正所谓"海纳百川，有容乃大。"酒量很大，叫作"海量"；人说话口气很大，叫作"夸下海口"；说一个人肚量大、希望对方包容自己，人们会说"请您海涵"。数量众多的大群体也称为"海"，比如"人海""林海""花海"。

古人还常将面积大的湖泊和水池叫作"海"。比如省份"青海"之名，就源于其境内有中国最大的内陆咸水湖——青海湖。王昌龄有诗云："青海长云暗雪山，孤城遥望玉门关。"诗中的"青海"即为今天的青海湖。

1 这里的"谷"并非指山谷，而是指水流，"善下之"是善于处在低处。

“海”还可以用来表示地域范围。如“四海”，可用来统指四方天下，是对广大境域的泛称。《论语》中的“四海之内皆兄弟也”，杜牧的“六王毕，四海一”，都是这种用法。因此，古人就将中国称为“海内”，把外国称为“海外”，两词一直沿用至今。

水之蕴蓄，至于“海”而有百川汇聚之大成。古人云：“海不辞水，故能成其大。”[1] 又云：“万物归焉而不为主，可名为大。”[2]

---

1 出自《管子·形势解》。
2 出自《道德经》。

禾 籽

一桩黄金的心事

“禾”字言“养”

是何种金子般的心事，让禾穗也静穆低头？古人懂这心事，遂取此“禾”字来言说颐养之道。天地生养万物，君子也要养生、养形、养德、养人，从外养身形到内养神气心性，从独养其身到普养万民，都是君子涵养正道的内容。有没有一种可以效仿的模范？那禾谷便是了。你看它将天时作为生长的规矩，分毫不逾；又将春秋凝结为惠养他人的粮食，不求回报。此中诚实而正大的品格，为古人所珍重。孟子说：“我善养吾浩然之气。”

禾

禾谷与万千草木之别，在于其饱腹养人之德，禾谷收成，自古是国家的头等大事。所谓『社稷』，二字中『土』『禾』共见，禾生土上、春种秋收，万民赖之，君王赖之，世代江山终必赖之。万古中华农耕文明的悲欢，便以一个『禾』字为底色。

“禾”的本义

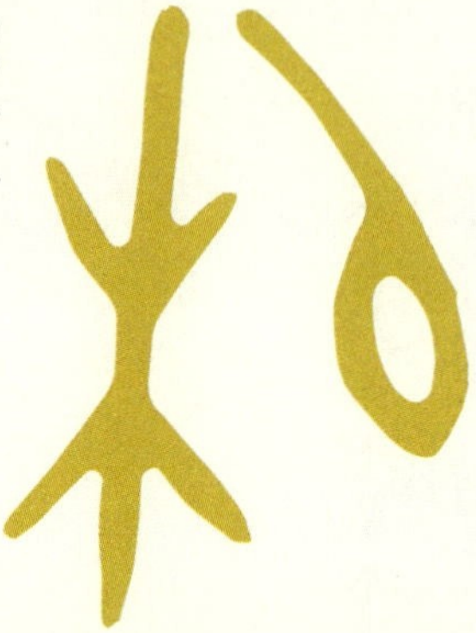

◎甲骨文

“禾”的甲骨文字形，是一株成熟庄稼的形象，上端是饱满下垂的穗子，下面有叶有根，还有竖立的茎秆儿，生动简明，一目了然。它最早指“粟”这种植物，在北方，它被称为“谷子”。

◎金文

《吕氏春秋》中有：“今兹美禾，来兹美麦。”意思是，今年种粟得粟，来年种麦得麦。说“粟”，或许有人还不甚清楚，但如果说“小米”就很少有人不熟悉了。粟脱壳以后就是小米，原

◎小篆

◎隶书

产于黄河流域，是中国古代主要的粮食作物，被尊为“五谷之长”，也是最早用来酿酒的谷物。

“禾”的引申义

除了专称谷子之外，“禾”也用来作为谷类作物的总称。《诗经·豳风·七月》中有：“九月筑场圃，十月纳禾稼。黍稷重穋，禾麻菽麦。”这是说，九月修筑打谷场，十月庄稼收进仓。黍和稷，粟麻豆麦，早熟的和晚熟的都得以入仓储藏。诗中第一个“禾”，是指谷类的总称，“禾稼”即庄稼；第二个“禾”则是用其本义，专指粟。杜甫《兵车行》中的“纵有健妇把锄犁，禾生陇亩无东西”，以及白居易《杜陵叟》中的“九月降霜秋早寒，禾穗未熟皆青干”，这两首诗中的两个“禾”字，皆泛指庄稼。

“禾”有时还特指谷类作物的幼苗和茎秆。李绅的“锄禾日当午，汗滴禾下土”，这里的“禾”指禾苗；而《仪礼·聘礼》中的“上宾大牢，积唯刍禾”，这里的“禾”则是指禾秆。

《淮南子》中记载了这样一则故事，说孔子看到庄稼由种子变成禾苗、复又抽出禾穗的“三变”过程后，感慨地说：“狐向丘而死，我其首禾乎！”意思是，狐狸一定要头朝着它的洞穴才肯死去，我也应该像禾谷一样垂头向根，不忘根本吧？这是孔子对禾深情的赞美。

禾是由野生的“狗尾草”驯化而来，在中国已经有七八千年的栽培历史。古人也说了，莠，即狗尾草，与禾是非常相似的，在两者初生之时，即便是老农人也难以分辨。一旦等到吐穗了，两者的区别就显而易见了：禾穗因有粮食之重，必然下垂向根，而莠穗内在空虚无物，不会颔首下垂。

禾与狗尾草

传说上古时代人间没有谷米，只能凭野果、野菜充饥，人口越是增多，食物就越是短缺。后来，有九尾狗到天上为人类偷粮食，见天宫庭前正晾晒谷子，便拖着九尾游走其中，狗尾上细密的绒毛间便渐渐沾满了谷粒。但不料天神很快发现了它，于是追赶着砍其狗尾，在它逃出天界之前，已被砍去八尾，狗从此世代只有一尾。人们依靠这最后一条狗尾中的谷粒播种出了粮食，而大地也彰其功德，从此禾谷长出的穗子，枚枚都状似狗尾。

“禾”与“和”

◎禾 隶书

“禾”还有一种意义，与“和”字有关。《说文解字》中有：“禾，嘉谷也。二月始生，八月而熟，得时之中，故谓之禾。”因禾谷二月初生，八月成熟，这段时间正处于四季之中，尽得阴阳两性之中和，所以“禾”之名，本身便含有中“和”之义。试想，唯得天时地利之和，风调雨顺之和，人勤岁美之和，方能有万千嘉禾的丰成——禾似是天地间“和”德外化的产物。

◎和 甲骨文

◎和 金文

“和”字本作“龢”，“龢”早在甲骨文中便已出现。左边的“龠”，像一排竹管拼合而成的乐器，似笙箫之类，齐鸣有悦耳之声；它与右部的“禾”字组合一处，会意乐声的调谐相宜。“龢”字常见于春秋之前，战国以后则使用频率骤降，文献中逐渐被“和”字所代替。“和”字最早见于战国时期，“口”“禾”两部分的位置关系常常左右互换，秦汉以后结构逐渐统一为左“禾”右“口”。虽然“龢”“和”两字也曾有彼此共存、分工表意的现象，但这种用法未能成为主流，最终各项音义都被“和”字悉数收并。

“和”是一个历经千古波澜的字眼，是中华文明世代沉淀下来的精神密码，是君子理解万事的尺。言说人心有所向、团结、同德，《孟子·公孙丑下》中有：“天时不如地利，地利不如人和。”言说相处和谐、友善，《论语·子路》中有：“君子和而不同，小人同而不和。”言说志愿共鸣、相应，《周易》中有：“鸣鹤在阴，其子和之。”而这一切的“和”之深邃，皆因其以“禾”为心。

◎禾 甲骨文

◎和 隶书

◎禾 楷书

“禾”字五笔，笔笔悠然而深情，精巧勾勒出田土收获的形状。“黍”“稷”“秫”“稻”等诸多谷物，纷纷藏“禾”于名中；与粮食种植、长育、收割、存储相关的一系列字眼，也都抱“禾”而成。这些涉“禾”之字，既同言稼穑之事，又多涵“颐养”之道。

种

禾谷的生发长育，起于一颗蕴藏希望的种子。将谷种播撒于土中待其生根发芽的行动，则称为播种。作为名词的『种』和作为动词的『种』，如今都由『禾』与『中』两部分组合而成。

“种”的含义

◎战国文字

◎小篆

播种的“种”字，旧时写作“穜”，其字形最早见于战国时期，是由“禾”与“童”两部分构成。“童”字义为童蒙，有萌发长育之势，与“禾”组合可理解为：使禾萌发于土中的行为，即播种。

《诗经·大雅·生民》中有：“茀厥丰草，种之黄茂。”这是说，丰茂杂草全拔出，挑选嘉禾播种好。《吕氏春秋·用民》中有：“夫种麦而得麦，种稷而得稷，人不怪也。”意即播种什么就收获什么，这是因果相承的自然之道，与“种瓜得瓜，种李得李”的道理一样。

“种”从播种谷物粮食，引申为种植栽培植物，就有了“种花”“种树”。像鱼这种动物也能种吗？也能。皮日休有诗云：“借问两绶人，谁知种鱼利。”陆游也有：“曾传种鱼术，新得相牛书。”很明显，“种鱼”就是养鱼，但为什么古文中只见诗人说种鱼，却没有“种鸡”“种鸭”之言呢？这是因为鱼是深游于水中的，这正如禾谷、草木播种、生根于土层之下，但鸡鸭总在地上走，就没有这种譬喻的基础了。

其实还有一些特殊事物，出人意料地也可以“种”，比如玉石是可种的。传说孝善之人杨伯雍得仙人指点，在蓝田无终山种石而得白玉，并以此喜得佳偶，后用“蓝田种玉”来比喻男女姻缘如意。再如人之学识也是可以种的。学识的培养、文才的积累，也如禾谷的播种一样，因此有成语叫“种学绩文”。

“种”的另一层含义

除了作为动词表示播种之外，“种”还可以作为名词，旧时写法为“種”，从篆文起就由“禾”“重”两部分构成。“重”字最初就是一人负重站立的形象，与“禾”字合在一起便可解释为：在泥土之下负重生长的禾谷，即等待破土而出的种子。

◎种 战国文字

◎种 隶书

◎种 小篆

那篇追述谷神后稷的《诗经·大雅·生民》中就有：“诞降嘉种，维秬维秠，维穈维芑。”意即上天赐予人们美好的谷种，秬子秠子、红米白米，样样都有。

由种子的含义，“种”自然就引申为一切生物传代繁殖的物质，就有了“良种”“传种”。出自《史记·陈涉世家》的名言："王侯将相宁有种乎！"这是说，贵族阶层难道有天生的贵种吗？言外之意是没有人生来就应尊贵或者生来就应低贱。继而，由生物传代繁殖之种，又引申为种族、物种、事物的类别。至于李清照的"一种相思，两处闲愁"，柳永的"便纵有千种风情，更与何人说"，这里的"种"则作为量词，此用法如今也常见于生活中。

◎种 楷书

◎钟 小篆

"种"与"钟"

与"种"之源流相似的，还有"钟"字，它是"鐘"和"鍾"的简体字。

◎钟 金文

"鐘"是"金"加"童"，《说文解字注》中解释其为"当作金乐也。秋分之音，万物穜成。""鐘"的本义是金属打击乐器，秋季对应五行之金，因而称此"金乐"为"秋分之音"；而秋之时节，万物播"穜"成熟，因此"鐘"为"金"与"童"合而成字。《诗经》中的"钟鼓乐之"，《史记》中的"钟鸣鼎食"，都是用其本义。由金属打击乐器，引申为悬挂于寺庙的钟，就有了"晨钟暮鼓""夜半钟声"。后又引申为计时器和时间点，就有了"时钟""钟表""钟点"。

◎钟 小篆

“鍾”是“金”加“重”，可知其与盛物承重有关，本义指金属制的盛酒器，《论衡》中的“文王饮酒千钟”便是用此本义。由盛酒器引申为计量单位，则六斛四斗为一钟，《孟子·告子上》中有：“万钟则不辨礼义而受之，万钟于我何加焉？”而所有的容器、量器都有聚物不散的特性，因

◎钟 隶书

而“钟”引申出汇聚、专注的含义，用作动词，如“造化钟神秀”里的“钟”是汇聚、集中，“情有独钟”里的“钟”是专注、专情。此字也常用于人名之中，如现代学者钱锺（鍾）书，其名取义为“钟情于书”，因而用“鍾”不用“鐘”。

◎种 楷书

“种”为万物播撒之初，万民劳作之始，万般希望之源，万钧收成之先。其时春令方至，种埋于土壤之下，未发禾木草本之躯，待见日月照养之光，萌发之动，只听春雷一令。

季

禾种在地里暗暗生根萌芽，不久，便以生之动力破土而出，既得日月照养，又蒙风雨施惠，慢慢就长为幼嫩的禾苗，铺以田原一派葱青蓬勃之气。

描述初生之幼禾的字，是『季』。

“季”的本义

◎季 甲骨文

“季”字从甲骨文到楷书，都是上面一个“禾”，下面一个表示婴孩、幼儿的“子”，两部分合而会意：幼小的禾苗。可惜的是，现存古文献中并未找到这种本义的用例。也许是另外一个相关字的出现，很快取代了它的这项表意——这便是“稚”。《诗经》有“无害我田稚”，句中的“稚”即指幼禾。

◎季 金文

◎稚 小篆

为何“稚”可以取代“季”呢？还是源于造字取义上的相似：两字同以“禾”为部首，且“稚”之右部“隹”的本义是鸟，尤指小鸟，因而与“季”中代表小儿的“子”有近似的表意功能。此外，“稚”古时也写为“稺”，表示幼禾的同时，也能表示晚生晚种的禾。

◎季 小篆

◎隶书

“季”的引申义

由禾之幼者，“季”便引申为人之幼者，即年龄小的孩子。《诗经·魏风·陟岵》中有：“嗟！予季行役，夙夜无寐。”这说的是征人登高望故乡，仿佛听到母亲的叹息：唉！我的小儿在远方服役，整日整夜无法安睡休息。

◎楷书

古时同辈人之间的长幼排行，分“伯、仲、叔、季”，其中“伯”为最长，“季”为最幼。《左传·文公十八年》中记载，上古“三皇五帝”中的高辛氏帝喾，有八个才能出众的儿子，分别叫：伯奋、仲堪、叔献、季仲、伯虎、仲熊、叔豹、季狸，其中第四子和第八子就都以“季”称呼，就是按每四个为一循环来排列长幼，季仲、季狸分别是其中最小的。同样，周文王最小的儿子姬载，就被称为“季载”或“冉季载”。

由此引申开来，时序、名次排在后的，也能称为“季”。比如人的小指，古时叫“季指”；丝绢中列为下等品的，叫“季绢”；现在比赛中的第三名叫“季军”。古文中，“季”还用来表示一个朝代或者时代的末期，如“季世”或“季年”，蔡文姬有诗云："汉季失权柄，董卓乱天常。"意思是，东汉末年王室衰微，权力失控，权臣董卓祸乱朝纲，违背天伦。

同样的道理，古人将四时也各分为三个月，并将这三个月按时序前后分别称"孟、仲、季"，此时"季"指其中最后一个月，比如"季春"就是指春末，即阴历三月。因为每三个月有一个"季"，一年中则有"季春""季夏""季秋""季冬"，则为一年有"四季"，"季"便自此引申出"季节"之义，如人们常说的"麦季""雨季""黄梅季"。

四季与五行

有了"四时"之称，为何又要称"四季"？这实则是古人以五行配四时的结果。"春夏秋冬"四时分别对应"木火金水"四种基本属性，由此而有：木旺于春、火旺于夏、金旺于秋、水旺于冬。五行之"土"较为特殊，它生、养、载、纳其余四种属性，古人言其是"土旺四季，罗络始终"[1]。这里的"四季"即指季春、季夏、季秋、季冬，与"四时"有别。只是后来，随着"时"由四时、时节引申为时辰、时间等含义，人们才逐渐以"四季"代替"四时"。

禾谷之颐养，"种"萌必至于"季"，须勤加护爱，方得正养。一蹴而就，须臾得利，乃揠苗助长之贪。大凡正养，未有不稚而熟成者。

[1] 出自魏伯阳的《周易参同契》。

穗颖

幼禾青青之时，似与莠草无别，但当其渐茁渐长，忽有暖风似武士之手，拔穗抽颖如宝剑出鞘，至此禾才显示其非凡真性。『穗』与『颖』，就是描述这种禾之标志的字。

“穗”的本义

◎甲骨文

“穗”的甲骨文，是由一株禾、一只手（又）和一把刀组合而成，示意人们收割谷类作物籽实的场景；到了战国文字，字形简化为一手在禾的顶端行采摘之

◎战国文字

◎小篆

◎隶书

事，采的什么呢？当然就是最终要开花、结实的穗子。后来，这个构形又被“禾”“惠”这两部分组合而成的字所取代，后者一直沿用至今。“穗”中的“惠”一般认为只作为声旁，但仔细推究起来，它可能还带有一定的表意的意味——“惠”有仁爱、恩惠的含义，粮食是人赖以为生的食物，禾谷赠人以粮，对人有生养之恩惠。

《诗经·王风·黍离》中有：“彼黍离离，彼稷之穗。”这是说，看那黍子长得层层密密，看那稷子已结出了新穗。结穗，这是禾谷走向成熟的开端。

“穗”的引申义

◎楷书

禾穗成熟后会向下倒垂，因此后来把扎在一起悬挂倒垂的丝状、条状的饰品也叫“穗”，比如系在剑柄上的“剑穗”，系在灯笼下部的“灯笼穗”。

诗人们的想象力则更为丰富，白居易《江州雪》中有：“城柳方缀花，檐冰才结穗。”意即城中柳枝刚点缀上了雪花，而房檐上倒垂的冰凌只如谷穗般大小，这描绘的是雪后初晴的景象。

“穗”还是广州市的别称。相传周夷王时期，广州连年灾荒，农业失收。一天，天空忽然仙乐缭绕，随后五朵彩色祥云载着五位仙人来到，他们身穿五色彩衣，分别骑着五色仙羊，每只羊都口衔着“一茎六出”的优良稻穗。仙人把这些稻穗赠给了农人们，愿佑此处五谷丰登，永无饥荒。仙人离去后，五只仙羊化作巨石留在了此处。从此，这里便成了岭南最富庶的地方。这就是广州有“五羊城”“羊城”“穗城”等名称的由来。

◎小篆

“颖”的本义

还有一个字也表示禾穗，这就是“颖”。

“颖”字始见于小篆，与其楷书构造一样，是“禾”加上一个“顷”，“顷”的本义是头歪斜，与“禾”合而会意禾穗——禾谷因穗中籽实之重而歪头侧倾。陆机有：“佳谷垂金颖。”郑清之也有：“垂垂金颖贺秋成。”诗中的“金颖”，即金黄的禾穗。

◎隶书

◎楷书

“颖”的引申义

禾穗处于禾株的末端，且尖顶处又生有许多禾芒，因此人们就把事物的尖端、锋芒，也称为“颖”。

草木刚冒出的尖尖嫩芽可以称“颖”。苏轼有诗云：“细雨发春颖，严霜倒秋蕢。”

锥子的尖端可以称“颖”。成语“脱颖而出”，意即放在布袋里的锥子很快会露出尖儿来，形容有本事的人很快就会在人群中突显出来。这样，人的才能突出，就称“聪颖”“颖悟”；人的想法超前突出，就称“新颖”“超颖”。

毛笔的锋毫也可以称“颖”。韩愈《毛颖传》中写毛颖被封在管城，因此叫“管城子”。韩愈寓人的性格遭遇于毛笔身上，写它初为君王所重用，日久年深“头秃”以后，又被君王所弃用。这篇寓言中的“管城子”和“毛颖”，后来都成了毛笔的别称。

《礼记》中还记载了一种叫作“颖”的枕头，它是一种木制圆枕，人们枕着它熟睡翻身时，就容易从枕上滑落而惊醒，因此又称之为“警枕”或“醒枕”。那么这个枕头为何叫“颖”呢？古人没有说

◎楷书

得太细致，若从我们前文所解的“颖”字诸多含义来看，或许也可以有所推知：春来草木觉醒发芽为颖，冒尖突出者为颖，读书人手握的身家珍宝为颖。觉醒奋发、立志脱颖、秉笔而书——睡在这个枕头上，确实想不勤奋都难。

禾谷之颐养，至于“穗”而有惠人利物之心。嘉禾之惠，内敛其中，不宣于外，有君子之风。《朱子家训》中有：“施惠勿念，受恩莫忘。”

秀

禾谷进入抽穗期，禾穗上就即将上演开花、结实的剧情了。无论谷子、小麦，还是水稻，这些谷类作物都会开花。粟花、麦花、稻花，它们的绽开实则都对应着同一个字——『秀』。

稻花香里说丰年，听取蛙声一片。

昔时诗人们往往有心于写禾谷开花之事。写谷子开花，李觏有：“粟花时节雨修修，莫道如秋即是秋。”写荞麦开花，范成大有：“梅子金黄杏子肥，麦花雪白菜花稀。”写稻子开花的诗最多，最著名的是辛弃疾的那句：“稻花香里说丰年，听取蛙声一片。”

“秀”的本义

“秀”字从战国时期就写作“禾”下面一个“弓”，“禾”与“弓”两者相结合，会意禾株抽穗之后开花的状态。一穗有小花数百，纤细的花丝会伸长数倍，花药被远远托出颖壳之外，恰如微弓所发之细箭，这正是“秀”字所言之象。

《诗经·大雅·生民》中有：“实发实秀，实坚实好。”这是说，嘉禾拔节生长，抽穗开花，结出粒粒饱满的谷实。赵蕃有诗云：“早禾尽实晚禾秀，造物于此功无留。”这是说，早插的稻子全都结实了，晚插的稻谷也正在抽穗开花，天公造物正是如此，功成弗居[1]。陆游也写诗为人们科普了一下时令之事：“麦秀微寒后，梅黄细雨前。湖滩初集鹭，堤柳未鸣蝉。”这里所言的便是阴历四五月之际，冬小麦在清晨的微寒后抽穗发花，而梅子

1 功成弗居，形容立了功而不把功劳归于自己。

已在雨季到来之前由青转黄；白鹭刚来营巢湖滩，树上的知了还没开始发声。这正是一幅静中有动、情在画中的初夏美景。

◎战国文字

◎小篆

◎隶书

“秀”的引申义

由禾谷抽穗开花、长势喜人之状，“秀”便引申为树木花草之繁茂，就有了谢灵运的“春晚绿野秀”和欧阳修的“佳木秀而繁阴”；引申为山水景色、人之容貌的美好和秀丽，就有了“山清水秀”“千岩竞秀”“眉清目秀”“容则秀雅”；引申为花木的特出和高拔，就有了“一枝独秀”“木秀于林”；引申为人才的出众，就有了“钟灵毓秀”“后起之秀”“秀出班行”。

“秀才”是中国历史文化中的一个概念。这个词始见于《管子·小匡》：“是故农之子常为农，朴野而不慝，其秀才之能为士者，则足赖也，故以耕则多粟，以仕则多贤，是以圣王敬畏戚农。”这是管仲告诉齐桓公，不要瞧不起那些世代耕作的农家子弟，他们朴实而不奸恶，其中优秀的人才，能成为士人的，可以值得信赖。而且让他们种地就能丰收粮食，让他们做官就能聚集更多贤才。因此圣明的君王都是敬农而爱农的。“其秀才之能为士者”，这里的“秀才”为“才之秀者”，就是指出众的人才。

历史上第一个被以“秀才”称之的人，是西汉名士贾谊。《史记·屈原贾生列传》中记载：“贾生，年十八，以能诵诗属书闻于郡中。吴廷尉为河南守，闻其秀才，召置门下，甚幸爱。”意即贾谊十八岁的时候就因诗书文章之学而闻名一方。河南郡郡守吴廷尉听说他才学优异，召来门下，对他器重有加。

◎隶书

汉代时实行察举制，“秀才”被列为人才推举的科目之一，这才成为一个后世沿用的专有名词。到了光武帝刘秀时期，因为要避讳“秀”字，所以“秀才”又改名为“茂才”。为何改为“茂”字？正是由于前文言及的，禾

◎楷书

谷之秀引申用于形容人才，表示人才的出众；引申用于形容草木，表示草木的繁茂。因此“秀”“茂”二字之义相似。

◎楷书

“秀才”在不同时代的概念和选拔方式有所不同，但总体而言都需经过层层考试、选拔、推举，尤其如唐初年间秀才及第更比进士及第要难很多。宋代进士科更受重视，秀才科逐渐失去地位，直至经过各地方府试者，都可称为秀才，此后秀才逐渐成为读书人的代称，但在民间又常被冠以“穷酸”二字作为嘲讽的前缀，给后人留下一个落魄的印象。事实上，“穷酸”有时也不过是反映了中国文人治学之艰与仕途之难，若真以禾谷佳木之“秀”为远方，穷身不穷志，君子固穷，志在鸿鹄，又怕谁嘲笑呢？

禾谷之颐养，至于“秀”而有精气交汇，荣华绽开，勃勃生机，如箭在弦。古人有云：“黍稷无成，不能为荣。”

穆

禾谷扬花之『秀』固然美，但其盛放之态只是美的表层；更深一层，『秀』之美还美在它意味着结果可期。以稻为例，一株稻穗就能开出数百朵稻花，每一朵稻花又将悉心结出一粒稻谷。有一个描述禾谷开花过后成熟结籽的字，是『穆』。

“穆”的本义

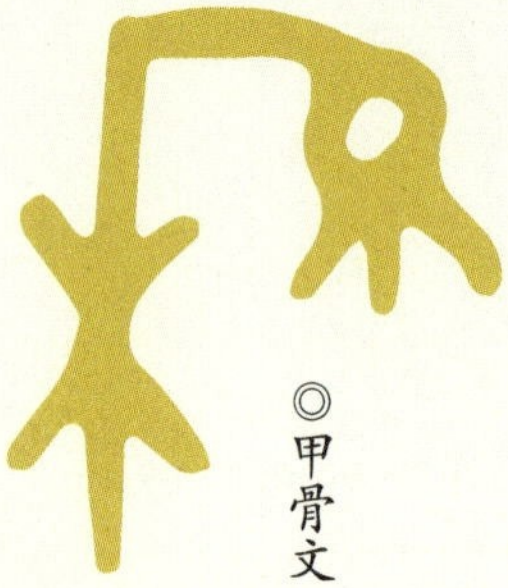

◎甲骨文

“穆”的甲骨文，像有芒颖的禾穗成熟下垂的样子，沉甸甸、羞答答的。到了金文，字形下方又增加了三个斜撇一样的笔画，表示禾穗上纷纷坠落的谷粒。如今的楷书简体字形就承此而来：“禾”字右部的“㣎”，也仍具写生的特质：上面的“白”，其原型就是因谷粒饱满而倒垂的禾穗；中间近似于“小”的三笔，是禾穗上的芒刺；下面这姿态舒展的“彡”，则像成熟谷粒不待收割、纷纷坠落之状。

◎金文

◎隶书

◎楷书

“穆”的引申义

秋季，“其时万物皆老，而莫贵于禾谷”，所谓民以食为天，尤其在生产力低下的年代，人们果腹不易，再没有什么比眼看禾谷顺利成熟更美好的事了，因此表征禾谷结实的“穆”字，就引申为美好，而且相较于一般事物显露的美，这种美更加内在、温柔，可谓“和美”，构词如“清穆”“悦穆”“穆若”“浑穆”。《诗经·大雅·烝民》中有：“吉甫作诵，穆如清风。”这是说，尹吉甫所作的诵，和谐美好得像春风一样。

◎小篆

将“穆”与“秀”对照而观，两者都能引申而成为“美”“美好”的代名词。但由于“秀”是抽穗开花，是一种动态，所以它更有外显、轻灵的意味，而“穆”是籽实成熟，是一种静态，所以它更有内敛、稳重的气质。换言之，“秀”更偏于勃然生机、鲜明出众之美，而“穆”更偏于端庄大方、温和不争之美。

“穆”由禾穗因结实成熟而低头俯首之象，又引申出恭敬、庄严的含义，构词如“静穆”“肃穆”“贞穆”“允穆”“冲穆”“恬穆”。《诗经·大雅·文王》中有：“穆穆文王，于缉熙敬止。”这是赞美周文王风度庄重恭敬，行事

◎楷书

◎小篆

◎隶书

光明正大又谨慎。屈原《九歌》中有：“吉日兮辰良，穆将愉兮上皇。”其中的“穆”是指恭敬肃穆。事实上，“穆”之此义与其表示“和美”的义项是紧密联系的，两者之间并无截然之界——恭敬必有和美之秩序，美之大者方有庄严气象。

古时，“穆”还通“睦”和“默”。前者如曹植《豫章行》中的“周公穆康叔，管蔡则流言”，后者如《史记·孔子世家》里的“有所穆然深思焉，有所怡然高望而远志

焉”。“穆”通“睦”，表示和敬，关系恭敬和顺；“穆”通“默”，表示肃静，态度严肃无争。

左“昭”右“穆”

“穆”还特用于“昭穆”一词中。起源于几千多年前的“昭穆制”，是周朝从天子到庶人普遍采用的一种宗法制度，广泛施行于周人的墓葬、祭祀、婚姻、生活中。它标示出宗庙的排列次序——始祖在宗庙里居中位，此以下，世代父子递为昭穆，父居左为昭，子居右为穆。这就是《礼记》所言的“昭穆者，所以别父子、远近、长幼、亲疏之序而无乱也”。后世修谱时，昭穆则必须入谱。它包含着敬祖敦宗的内涵，是中华民族传统文化的重要组成部分。在昭穆制度之下，周人以后稷为始祖，推至周文王姬昌时为“穆”，其子周武王姬发为“昭”，而武王之子周成王姬诵又为“穆”。这就是成语“文昭武穆”的来源，原指文王父子相传、儿孙众多，后则泛指子孙繁衍。

那为何父子相承以“昭穆”来命名呢？这还要从两字字义上来解析。就两字的部首来看，“日”为天悬之象，“禾”为地生之美，两者有乾坤上下之别。“昭”字本义为日高而光明显著，有以太阳喻父之尊位的意味；

而“穆”字有禾穗垂首之象和肃静之义，以此喻人子、晚辈应恭敬、肃谨。加之古人以左为尊、以右为卑，因而就有了“左昭右穆”的次第。

◎金文

禾谷之颐养，至于“穆”而有结实垂首之重。荣华转瞬，不可恒久；春华秋实，大美不言。老子曰：“处其实，不居其华。”

◎楷书

历

禾谷之美，需勤加关爱。尤其是谷物抽穗扬花之后，更要多到田中走走瞧瞧，看禾谷长得如何，几时可以成熟收割？描述人们走入田中巡视禾谷长势的字，是『历』。

“历”的本义

“历”的甲骨文，上面是两个“禾”，表示田中行列整齐的禾株，下面是一个“止”，表示行进的人足。上下两部分合而会意：人们踏田行进、巡视禾谷。巡视的作用，首先是察看禾苗长势如何，同时及时锄草；而到了秋熟之期，则要于田间选穗留种，以备下一轮耕种。

直接以“历”言巡禾之事的古文例证尚未得见，但《礼记》中有“历其卒伍”的说法，意即阅兵巡察，此中“历”的用法，就是像经过一株株禾谷一样，经过一个个士兵来行检阅之事。无论是巡视禾谷还是卒伍，“历”的含义都以“经过”为核心，因此可以视其为本义[1]。比如屈原的

◎甲骨文

◎金文

◎小篆

◎楷书

[1] 巡视禾田的本义尚未在古籍中发现用例，因此本书中暂将“经过”视为“历”的本义。

“历太皓以右转兮，前飞廉以启路”，李白的“历天又复入西海，六龙所舍安在哉”，前者说仙游的诗人经过东帝太昊再向右转，后者说日出东方，经过天空又坠入西海。陶渊明《还旧居》中有：“履历周故居，邻老罕复遗。”意即六年后归来时，将故地走访行遍，发现相识的邻里老者已罕有在世的了。“履历”就是步行经过，后来引申为人的总体经历。

◎隶书

“历”的引申义

“历”本言位置上的“经过”，由此可引申为时间或事件上的“经历”，前者如“历久弥坚”，后者如“历尽沧桑”。李白《江夏行》中有：“只言期一载，谁谓历三秋。”意思是，当初只说一年就归还，谁知这一去已过了三年。此“历”为时间上的经历。刘基《苦斋急》中有：“口不尝荼蓼之味，身不历农亩之劳。”这是说，富贵人家安坐华堂，不知野菜苦菜的味道，也没经历过耕作的辛劳。此“历”则为事件、体验上的经历。由于经历的便是过去的，因此无论时间或者事件，都能以“历”言过去、先前，构词如“历代”“历次”“历程”“历史”。

◎隶书

金文以后，古人又在字形中增添了“厂”部，其结构变为“歷”并一直延续至楷书繁体。“厂”本是山岩崖岸的形象，在此处表示田原的尽头、界限，这样整个字形就表示经行禾田至尽头，因此“历”可引申为逐个，一一地。所谓“历访名贤”，即将名士贤者皆拜访一遍；“历陈功过”，即把是非功过都陈说一遍。李商隐有名句：“历览前贤国与家，成由勤俭破由奢。”这是说，遍览历史上君主得国失国的前例，就知成功源于勤俭，而衰败起于奢靡。

“歷”中还包含了一个由两个“禾”构成的部件“秝”，其实这也是一个早在甲骨文中就有的字，念作“lì”，意思是禾谷在田中行列清晰、稀疏合宜地排列。因为“秝”字包含于“歷”中，所以“历”又可表分明、清晰之义。即便不据此分析，也可以想象到，在古人巡行遍观禾田之时，这种禾谷行列分明的景象是十分醒目的，因此以“历”来表达这层含义顺理成章。后来这层含义多以叠词为用，比如“历历可数”“历历在目”。“众星何历历”[1]，这是星辰罗列在天，分明可见；“晴川历历汉阳树”[2]，这是平原上的树木株株独立，清晰可数；“历历黄鹂枕上听”[3]，这是午后

1 出自《古诗十九首·明月皎夜光》。
2 出自《黄鹤楼》。
3 出自《减字木兰花·啬薇叶暗》。

树上黄鹂的鸣啼，声声可辨。甚至杜甫还直接以“历历”为题作诗云：“历历开元事，分明在眼前。”

“历”之重大意义的延伸，在于古人以此由地至天的映射。古人云：“人法地，地法天。”地上的时令相推，实则全是天上日月星辰运转的结果。人们对农事规律的掌握，会反映升华为对天文法则的领悟。因此，“历”又引申为推算日月星辰运行及季节时令的方法，构词如“历法”“历算”“历术”。《尚书·尧典》中的“历象日月星辰，敬授人时”，《淮南子·本经训》中的“星月之行，可以历推得也”，都是这种用法。

古今历法

古时出现过众多历法,《黄帝历》《夏历》《殷历》《周历》《鲁历》《颛顼历》合称“古六历”；以太阳年为基本单位的历法是“阳历”，以朔望月为基本单位的历法是“阴历”；如今我们所使用的“农历”，其实是兼有阴历和阳历性质，属“阴阳历”。

此后，精于观测推算历象的人称为“巧历”“历家”，司马迁说的“文史星历”，即掌管文献、史料、星术、历法的四种官职；而记载日月、时令变化的书册，则称为“历书”，就有了“日历”“皇历”“万年历”。由于历法之学对于农事乃至国家大计都极为重要，后来便专门造了另一个字来表此含义：“曆”，即是将原初“歷”字中的“止”换成了“日”，因“日”可代表天体星辰，人们一望便知这是专门言说历法的字。

最终，“歷”与“曆”被合并简化为“历”，它用一个表示读音的声符“力”取代了行列分明的禾田、行进的人足和经天的星体。

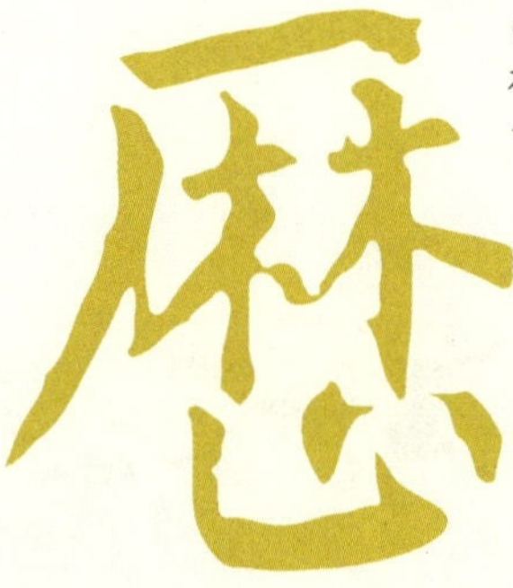
◎楷书

禾谷之颐养，至于“历”而有悉心勤察之慎。躬行于田，问岁时之深浅，保秋收之无虞。老子曰：“慎终如始，则无败事。”

秋

耕田播种、禾稼青青的数月景象仍历历在目，巡田人所至之处已不知不觉中换了底色。当禾穗纷纷负重低垂，无边川原呈现出一派金黄的静穆时，夏季便接近尾声了。随着一场携带凉意的风雨，秋天就要来了。

“秋”的本义

从春秋时代开始，“秋”字就写作一个“禾”一个“火”，在战国时代，“禾”“火”两部分的左右位置时有交换，但不影响它表达的意思。入秋，禾谷成熟，且禾麦收割后要用火烧荒以准备新一轮播种，因此以“禾”“火”两部分组字为“秋”。

◎甲骨文

不过“秋”字的甲骨文字形，刻画的却是一只虫的样子，大概是蟋蟀或蝈蝈儿一类的秋虫，有头有嘴有触角，还有虫足和薄薄的翅膀。

◎金文

◎小篆

◎隶书

◎楷书

古人说，要知道秋天已经有多深，只要看看这只秋虫到了哪里就能明白。《诗经·豳风·七月》里有：“七月在野，八月在宇，九月在户，十月蟋蟀入我床下。”这是说，从七月入秋到八月，蟋蟀从田间跑到屋檐下，九月秋深要进门，十月就往人的床底下钻。此时的白居易发出感慨：“梧桐上阶影，蟋蟀近床声。”千百年来，蟋蟀总不忘如期而至，人们借给它一个偏暗的角落，它则用好听的虫鸣伴人们度过漫长的秋夜。不过秋虫再好，总比不过禾谷成熟的秋收更美，所以最终“禾”“火”之“秋”被选择并流传下来，蟋蟀则从“秋”字里搬走，也慢慢从人们的生活中搬走了。

《诗经·卫风·氓》中有：“匪我愆期，子无良媒。将子无怒，秋以为期。”这是女子对男子说，不是我故意延误婚期，是因为你没有找好媒人；所以请你不要生气，到了秋天我们就成婚。写秋的名句很多，王维有：“空山新雨后，天气晚来秋。”刘禹锡有：“自古逢秋悲寂寥，我言秋日胜春朝。”李白有：“秋风清，秋月明，落叶聚还散，寒鸦栖复惊。”

“秋”的引申义

古人云：“秋聚收，冬闭藏。”[1] 秋天是禾谷成熟、收获的季节，因而“秋”可以表示收成。《尚书·盘庚上》中有：“若农服田力穑，乃亦有秋。”这是说，农人们只有在田间辛勤劳作，才能终享好的年成。范成大的“处处田畴尽有秋”，描绘的则是所见田地皆丰收的农家好景。

---

1 出自《管子·四时》。

秋天一年只有一次，一年农事又在秋天终成，因此古人便常以“秋”为年。《诗经·王风·采葛》中有：“一日不见，如三秋兮。”意即一天不相见，思念就漫长得仿佛过了三年。杜甫的“窗含西岭千秋雪”，是言其经窗远望千年不化的积雪。

秋季之于一年四时而言既如此殊特，“秋”字便又引申指特定的一段时间，或特别的某个时期。成语“多事之秋”，即指事故或事变频多的时期，多用以形容政治军事局势的动荡不安。《出师表》中的“此诚危急存亡之秋也”，是言其时为蜀汉生死关头。

古以五行学说观照万物，将诸事属性与四时相配，这便又赋予“秋”字一系列引申义——以四时配五色，则秋色为

白，故“秋”指白色，“秋发”“秋鬓”即指人到暮年苍白的鬓发；以四时配四方，则秋方为西，故“秋”指西方，“秋方”“秋陆”皆为西方的别称；以四时配五音，则秋声为商，故“秋”指商声，前人夜闻凄音曾启窗而问：“问秋商、送来何处。”[1]此外，秋属五行之金，主肃杀，故称与律令刑狱有关之事为“秋”，称刑部为“秋曹”，称刑法为“秋宪”。

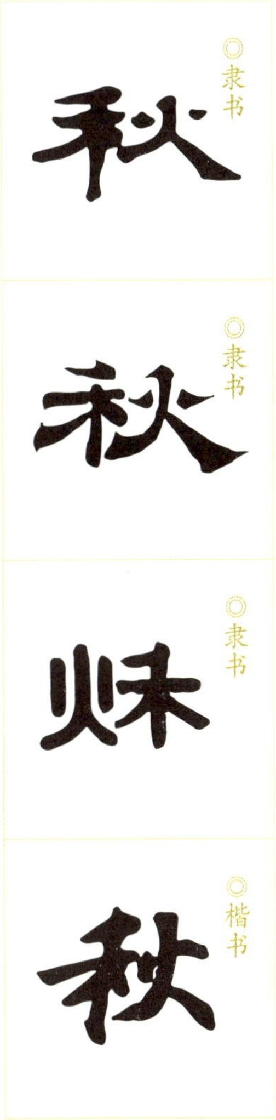

“秋水”与“秋毫”

古文中常见“秋水”与“秋毫”。

“秋水”本指秋日河湖之水，王勃有“秋水共长天一色”。因为秋季水浅而凉，浮游生物不多，雨水稀少，往往不会泛起浑浊，映照着秋日高远的天空而更显得格外清澈。因此，古人常用它来比喻人清澈的明眸与眼波。李贺写唐儿是“一双瞳人剪秋水”，赵雍写愁情是“别时犹记，眸盈秋水，泪湿春罗”。与其同义的还有“秋波”一词，“暗送秋波”，是指女儿家暗中传递清澈含情的目光。

---

1 出自黄燮清的《湘江静·题手挥目送图》。

“秋毫”是指秋凉到来，鸟兽为准备御寒而新长的绒毛，用来比喻非常细微的事物。成语“明察秋毫”，是用来形容人眼力好到能看清极其细微的事物，可以洞察一切。楚汉相争时期，在项羽那里不得重用转而投奔刘邦的韩信被拜为大将，他对比了两军的行为作风，认为最后得取天下的会是刘邦——因为刘邦带兵可以对无辜百姓“秋毫无犯”，意即刘邦打天下，军纪严明，一丝一毫也不侵犯人民的利益。正所谓“得民心者得天下”，韩信由此所做的论断后来的确成真了。

◎甲骨文

禾谷之颐养，至于“秋”而有春种之熟。古人云：“百谷各以其初生为春，熟为秋。”[1] 草木五谷出于春门，最终皆要入于秋门[2]，此为天时之成、禾实之成。

◎楷书

◎楷书

[1] 出自蔡邕的《月令章句》。

[2] 《说文解字》中有：“卯为春门，万物已出。酉为秋门，万物已入。”

利

秋天深处，禾谷熟透，万象如金，家家户户磨刀霍霍，以待收割时机的到来。描述割禾这件事的字，是『利』。

“利”的本义

“利”的甲骨文，是左边一株“禾”、右边一把“刀”，表示用镰刀收割庄稼；有时还在刀刃的周围，细致地画出两笔割禾时产生的碎屑，显示出这把刀工作得卓有成效。显而易见，“利”的本义即刀很快、很锋利。

《周易》中有："二人同心，其利断金；同心之言，其臭如兰。"大意是，两人若心意相通、行动一致，力量便犹如利刃可以截断金属；若彼此同心，言谈也会像兰草一般优雅芬芳。《荀子·劝学》中有："故木受绳则直，金就砺则利。"这是说，木材经墨线裁定就会笔直，刀剑经砥砺打磨就会锋利。同样的道理，君子也应以高标准来不断检验反省自己，力求博学而精进。

“利”的引申义

◎甲骨文

用“锋利”的刀自然有“利”于收割，人用起来很“便利”，干活当然也就“麻利”，工作进展“顺利”，最终就会收获更多“利益”。可见，“利”字的诸多含义都在同一条意义变迁线索之上，大可以顺藤摸瓜。再如，“得失利弊”“天时不如地利”，这里的“利”是裨益、好处；“干净利落”“假舆马者，非利足也，而致千里”，这里的“利”是快捷、灵敏；“大吉大利”“时不利兮骓不逝”，这里的“利”是顺当、顺利；“乘利席胜”[1]“故兵不顿而利可全”[2]，这里的“利”是得胜、胜利；“利

◎甲骨文

◎小篆

◎金文

1 出自《汉书·蒯通传》，意即凭借胜利的形势。

2 出自《孙子兵法·谋攻篇》，意即国力、兵力不受损而获取全面胜利。

令智昏”“商人重利轻别离”，这里的“利”是私利、财利。

作为私利、财利之“利”，又是人不可回避之事。此“利”常常出现在“义”的对立面，利与义的取舍，自古对中国人来说都是颇为深刻的命题。

◎隶书

◎楷书

《战国策·齐策》中有一个“焚券市义”的故事历来为人所称道。“战国四公子”之一的孟尝君田文，曾派门客冯谖至薛邑收债，并顺口嘱咐可看着买些田府所缺的物什。冯谖到了薛邑以后，却假传孟尝君意旨，免去所有负债之人的欠款并当面烧毁了欠条。冯谖归府后，孟尝君问他用所收债钱都买了些什么，冯谖答：“您让我看家中缺什么买什么，可我看府中上下珍宝无数，美人满院，牲畜丰足，实在不缺什么。但唯独缺了一样，那就是‘义’，所以就用那些收来的债为您买了些‘义’。”他又解释说：“今君有区区之薛，不拊爱子其民，因而贾利之。”这是批评孟尝君有封地薛邑却不能爱民如子，反而趁机用商贾手段从他们身上谋取私利。冯谖销毁欠条，就是用“利”来买“义”，但孟尝君并不认可也不领情。一年之后，孟尝君遭到罢免而不得不回到薛邑，没曾想竟受到薛邑百姓最为隆重的迎接。孟尝君这才对冯谖感激道：“先生为我买的‘义’，我今天才领会。”

以利而市义、舍利而取义的故事在历史典故中实则俯拾即是，列子拒收禾谷，蔺相如避让廉颇为国计，陶潜不为五斗米折腰，皆是如此。孔子说：“君子喻于义，小人喻于利。”短短词句，重若泰山。

禾谷之颐养，至于“利”而有万物得宜之义。天之道，利而不害，秋日黄金遍野，任人收取；万物随时，必老而新成。古人云：“利物足以合义。”

秉

收割麦子握持在手，禾株完成其一生，交付与人。人持此禾，是初得粮食之重。描述这种秋收之始成的字，是『秉』。

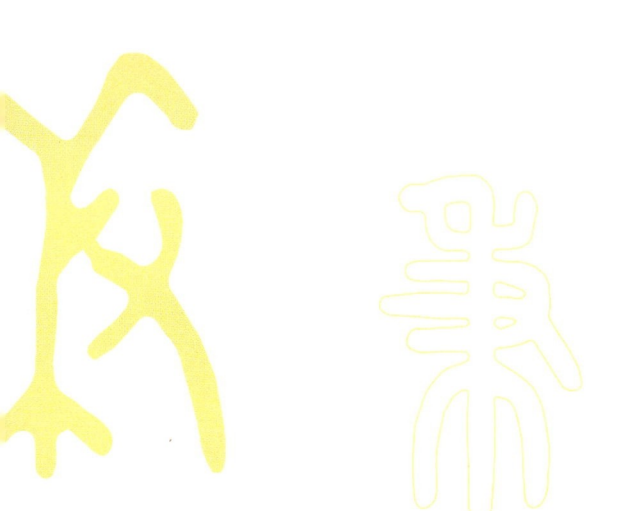

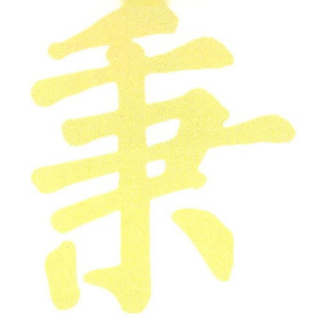

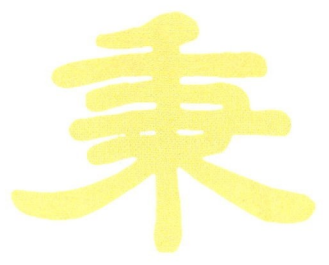

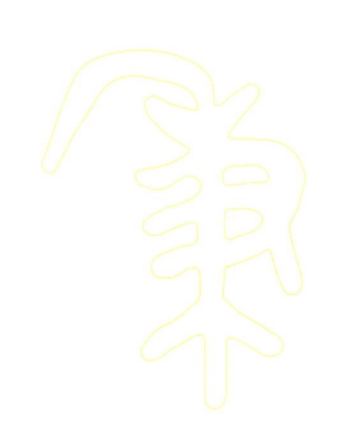

“秉”的本义

“秉”字从甲骨文到如今的楷书字形，所示意的始终都是一只手握住了一株禾苗。楷书字形中间的这几笔仍然是一个“又”字的变形，它比楷书的“又”字还更好地保留了手的样子。因此，“秉”的本义即持禾。

白居易有一首让人读来心酸的《观刈麦》，其中有几句为：“复有贫妇人，抱子在其旁，右手秉遗穗，左臂悬敝筐。”这是说，一位贫苦的妇人，家里的田地都卖光了，只好拾些别人割麦时遗落的

◎甲骨文

◎小篆

◎金文

◎隶书

麦穗来充饥。怎么拾的呢？只见她费力地抱着孩子，右手握着拾起的麦穗，左臂悬着破旧的篓筐。虽然只是持为数不多的几株小小的禾，却有生计艰辛的难言之重。

“秉”的引申义

由本义持禾,“秉”可引申为一般的拿、持，构词如“秉笔”“秉烛”。有时，只要看一看诗人所“秉”之物，就知他的神思所在。曹植有:“宿昔秉良弓，楛矢何参差。”良弓利箭日夜不离手，这是位沙场建功的英雄；白居易有：“日夜秉笔吟，心苦力亦勤。”笔耕不辍，诗书不懈怠，这是位孜孜不倦的文士；陶渊明有:“秉耒欢时务，解颜劝农人。”手握农具，欢欣地耕作，这是位忧道不忧贫的田园隐士；汉时先人有：“昼短苦夜长，何不秉烛游！”手持点燃的蜡烛，趁夜晚出游，这是位摒弃了庸俗忧思、乐观旷达的醒悟者。

弓、笔、耒、烛皆为可见的具象之物，其实抽象事物亦可秉持，此时“秉”引申为执掌，主持。《诗经·小雅·节南山》中有:“忧心如酲，谁秉国成？”意即忧国忧民之心深沉如酒醉，试问谁能来执掌好这一国之政？“秉国成”，即握持好治国之权，执掌好朝政。又如，“秉公执法”，就是抱持公正的原则来执行法律;“秉文经武”，就是执掌文事、经营武备。

◎楷书

此外，“秉”字还曾用作容量单位，古时十斗为一斛，十六斛合一秉。《论语·雍也》中就讲了这样一件事：公西赤出使齐国，他的同学冉求就为公西赤的母亲向孔子请求粮食配给。孔子答应给六斗四升，冉求嫌少。孔子就说那再给他二斗四升，冉求心里还嫌少，但也不好再向老师开口，就又拿出自己的存粮，所谓“冉子与之粟五秉”，意即总共给了公西赤母亲五秉粮，也就是八百斗小米。孔子后来知道了，说了段对后世影响深远的话：“赤之适齐也，乘肥

马，衣轻裘。吾闻之也，君子周急不继富。”意思是，公西赤出使齐国时乘坐的车马和穿着的皮衣都是上好的，以此知道他家中不会缺钱。君子应当周济贫急的人，为其雪中送炭，而不应当给富人再添物用，为其锦上添花。即便是同学亲友，也要此理在先。换句话说，孔子虽理解冉求这“粟五秉”的好意，却认为这并不是最好的施予，而是带上了同窗之情的偏私。因为孔子倡导的“仁而爱人”，是一种更为宽博的爱与关怀，它弱化亲疏远近，重视人道事理。

“秉”与“兼”

握一禾为“秉”，若同握二禾，就成了“兼”。如今楷书“兼”字上部的一点一撇和下方的一撇一捺，是两株禾穗子和禾的根须的简化表达。

▼宿昔秉良弓，楛矢何参差。

由手握两株禾，“兼”引申泛指同时涉及或具有几种事物。“德才兼备”，就是把德行和才能这两株“禾苗”都握在了一起，两样都具备；“兼听则明，偏信则暗”，是告诫人们想要认清事实，不陷入片面的判断，就要听取多方的意见。

这种同时涉及或具有几种事物的核心含义，也在一些包含“兼”字的合体字中有所表现。例如“赚”是由“兼”加表示钱财的“贝”构成，意即既能低价买入，又能高价卖出而获利；“谦”是由“兼”加表示说话的“言”构成，表达君子出言总是兼顾他人与自身，且是先人后己、卑以自牧[1]的。

◎兼 金文

◎兼 小篆

◎兼 隶书

禾谷之颐养，至于“秉”而初有小得。当禾株离地，舍己之得而成人之美；人取之握之，所拥渐增，丰年可待。

◎秉 楷书

[1] 出自《周易》：“谦谦君子，卑以自牧也。”意即君子总能以谦虚的姿态，虚怀若谷，自养其德。

年

收割一两株禾能以手持握，但如果收割了成百上千甚至数万禾株，用手可无论如何都拿不下。那么表达收禾良多之含义的字要如何造呢？总不能不厌其烦地如数画下去吧！古人思路一转，就造出了一个沉甸甸的字——『年』。

“年”的含义

“年”的甲骨文，下面是一个弯腰曲背的“人”，上面是一株谷穗饱满的“禾”，两部分合而会意：人背负禾谷。而字里禾谷之重，已压弯了人腰，显示出秋收之丰。简单形象的构造，透露出朴素深刻的收获之美。

《谷梁传》中有“五谷皆熟为有年”“五谷大熟为大有

年”的描述，这就印证了谷物成熟丰收是“年”字本义。位于北京天坛北部的建筑“大祀殿”，在乾隆年间更名为“祈年殿”并一直沿用至今。什么是“祈年”呢？“年”为禾谷成熟丰收，“祈年”即祈求丰收。正因如此，祈年殿又别称“祈谷殿”。

◎甲骨文

由谷物的成熟丰收，“年”进而可泛指收成，即无论禾谷收获是多是少，皆称为“年”，这就是农人常说的“年成”“年景”。收成好，就叫“年登”“年丰”；收成不好，就叫“年荒”“年馑”。

古时谷物一般只一岁一熟、一岁一收，因此周人以禾谷成熟一季之时长为一年，等同于四季轮转的周期，也就是一岁。

◎金文

◎小篆

◎隶书

在“年”被用作时间概念以后，又引申出年节、年龄、年代、岁月等含义，此类用法至今俯拾即是。

金文“年”字里这个背负着禾谷的人，有时被写为一个“千”，“年”的构成部分就变成了“千”和“禾”，望文生义，这个构形就示意很多很多庄稼，虽然原本的意象弄丢了，但新的表意倒也贴切。后来字形继续演化，终于成为人们如今所用的简体字“年”。

“年”“岁”“祀”“载”

◎年 金文

◎岁 金文

◎祀 金文

◎载 金文

历史上，能表达“年”这个时间概念的字，曾有“年”“岁”“祀”“载”。这四种称呼，其实是从四个层面来描述“一年”的内涵。两晋学者郭璞，对以此四字纪年的用法阐述为：“岁，取岁星行一次；祀，取四时一终；年，取禾一熟；载，取物终更始。”

“年”字如前所述，是以地上禾谷的长成而计算时间，即郭璞所言“取禾一熟”，为观地而知时。与之相对的，“岁”则上言天象，本指岁星，其每年运行周天的十二分之一，称为一岁，即郭璞所言“取岁星行一次”，是观天而知时。观天在前，观地在后，因而以“年”计时要晚于“岁”。

“祀”是从祭祀角度来诠释的。商朝非常重视祭祀，每年都要按时举行隆重的祭祀活动，因此其始祖成汤于建国第十三年，改“岁”为“祀”。古时祭祀按四时而行，且四时之祀各有不同的主旨，分别对应不同的称谓。因为四时之祀完成一轮的周期大致也是一年，因此就把一年称为一祀，即郭璞所言“取四时一终”。

◎楷书

用“载”字表示年是唐虞时代的用法，后世唐玄宗时期也这样使用过，虽然历代仍以“年”“岁”二字最为常用，但“载”字也深入人心，如今我们仍然常言“一年半载”“三年五载”“千载难逢”。

禾谷之颐养，至于“年”而有禾谷千斤之重，是“种”的成果与升华——春时谷种背负泥土、希冀之重，秋来农人背负粮食、丰获之重。此重必以车载斗量，是岁时天成之丰，念念回响之丰，足食厚礼之丰。

秦

疲劳而欣慰的收割工作完成以后，所得禾穗经过适当晾晒，就要想办法把谷粒从穗子上剥脱下来，并将不可食用的谷壳去掉。『秦』字所言便是此事。

“秦”的本义

◎甲骨文

简体“秦”字的构形可分为两部分，下方是一个“禾”字，“秦”字甲骨文、金文构形的下方也多写为双“禾”构成的“秝”，表示很多株禾谷；上方又有三横、一撇、一捺，这几笔代表什么？这其实是由甲骨文中的一双握持杵棒的手演变而来，表示“舂”的含义。因此，这个字的意思很清楚，即双手持杵舂捣禾谷，以除壳取粒。

◎金文

◎小篆

◎隶书

说及“舂捣”，我们可以将“秦”与“舂”对比来看，两字上部都是一双持杵棒的手，而下部分别是禾谷之“禾”与石臼之“臼”。显然它们所表达的含义很接近，只不过“秦”是专指捣禾谷，而“舂”是在石臼中捣任何东西。

带“夫”的字

除了“秦”“春”之外，以“夫”为部首的常用字还有“奉”“奏”“泰”“舂”等。前三个字中的“夫”部与“秦”“舂”中的“夫”部类同，都是由两手握持杵棒的造型演变而来。“奉”字古人释其本义以“捧”，构词如“奉承”“奉献”“供奉”等；“奏”字古人释其本义以“进”，构词如“启奏”“上奏”，引申为奏乐、奏效等；“泰”字古人释其本义以“通”[1]，构词如“通泰”“安泰”。“春”字之“夫”部却与上述几字不同，它是在隶书时期，由“艸”“屯”两部分组合变形而来，与双手举物之“夫”有别。

“秦”的引申义

陕西中部平原地区，自古风调雨顺、土地肥沃，是富饶的产粮区，相传因其盛产禾谷，岁岁可见春禾盛况，故以“秦”字称名此地，后有美名曰“八百里秦川”。横贯此地的山称为“秦岭”，流行于此地的戏曲称为“秦腔”。《战国策·秦策》中就记载，苏秦向秦惠王陈说“连横”策略时，就称颂这里“田肥美，民殷富，战车万乘，奋击百万，沃野千里，蓄积

◎楷书

[1]《周易·泰》中有：“天地交而万物通。”《说文解字》中有：“泰，滑也。”“滑，利也。”综合以上观点，取“泰”的字义为“通”。

饶多”，并称之为“天府”，这比成都平原获得“天府之国”的称谓还要早，可见其当真名副其实。

◎楷书
秦

西周君主周孝王，封嬴姓的伯益后代非子于秦地，始建秦国。至秦孝公时迁都咸阳，经过商鞅变法，国势逐渐强大，成为“战国七雄”之一。后来秦国逐步吞并六国，至秦始皇时统一天下，建立了中国历史上第一个中央集权君主专制的统一王朝——秦朝，国君嬴政自称“始皇帝”。

◎楷书
秦

秦朝的建立，对中国历史产生了极为深远的影响。此后，“秦”就成为古时西域各国对中国的代称。古人云：“王者以民人为天，而民人以食为天。”[1]大概正是“秦”这个暗藏了劳作之辛与丰收之喜的字眼，启示和激励着代代华夏子孙，心怀恭敬，怀根思源，令这片神州大地良材丰茂、俊杰辈出，终以其数千年天人之道与农耕文明的厚重底色，闪耀光芒于世界文明史册之上。

1 出自司马迁的《史记·郦生陆贾列传》。

与“秦”有关的成语

与“秦”有关的成语不少，不过需加注意其中的“秦”字，是指诸侯国秦国，还是指秦王朝。例如“秦晋之好”，指春秋时期秦、晋两国的世代联姻，后泛指两家联姻。“秦庭之哭”，这是说，春秋时期楚臣申包胥连哭七天七夜，感动了秦哀公，使其发兵救援战败的楚国，后指向别国请求救兵或向别人哀求救助。“朝秦暮楚”，指战国时期秦楚两国相互对立，经常作战。有的小国为了保全自身，时而倾向秦国，时而倾向楚国，后用以比喻人缺乏原则、反复无常。这三则成语中的“秦”，都是指诸侯国秦国。

“秦镜高悬”，是传说秦始皇宫中有一方明镜能照见人的五脏六腑，鉴别人心的邪正，后指官员判案公正廉明。“秦失其鹿”，指秦王朝失去了政权和帝位，后泛指失去统治地位。“三户亡秦”，意思是即使楚国只剩下三个氏族，也能灭掉秦国，后用来喻指即使弱小，抱持正义、团结一致，也终能战胜黑暗、暴力。这三则成语中的“秦”则皆指秦王朝。

◎楷书

秦

禾谷之颐养，至于“秦”而有去粗取精之举，在久经风雨日晒的锤炼之后，禾谷以万千籽实真颜示人，农人以臼盛之，以杵捣之，破壳舂谷，恰若凿石见玉，去层层外饰，而渐现内在之真。

啬

晾晒、舂禾都做好以后，收获的粮食就该放入粮仓中储存起来了。最早表示粮仓的字，是『亩』，随后，它逐渐升级演化为『啬』。

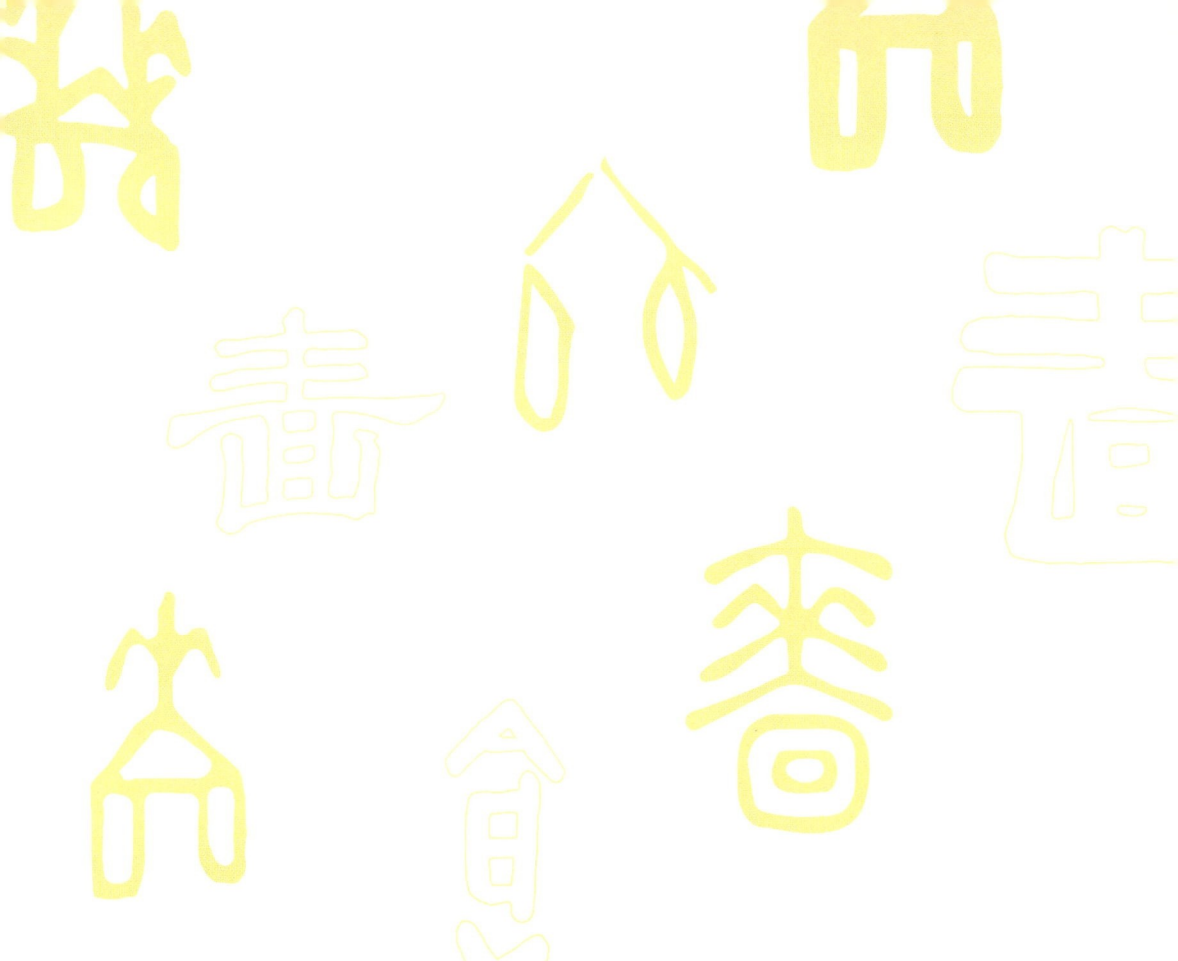

古人在造“㐭”这个字的时候，画的就是一个顶端建有亭盖的简易粮仓，随着汉字的发展，这粮仓上的亭盖，就演化为字形上部的一点一横；而粮仓的仓体就演化为字形下部的“回”。“㐭”的本义即储存粮食的仓库。

“啚”的本义

◎㐭 甲骨文

古人在“㐭”的上部增添了两个“禾”，就造出了“啚”字，用来表示将谷物收入粮仓。不过在一些别的甲骨文字形中，上面这两株禾谷也经常被一个“来”所取代，“来”本是一株小麦的形象，由于禾、麦同为谷物，因此这两种字形表达的意思无差别。后来，这株小麦被沿用下来并加以变形，粮仓部分也经简化只留下仓体，全字就最终写为“啚”。

◎啚 甲骨文

◎啚 甲骨文

“啬”的本义即收谷入仓。《仪礼》中的“啬黍”，即指已收获的黍稷；《尚书》中的“服田力啬”，即指在田中辛勤劳作、努力收谷进仓（这里的啬，后作“穑”）。

◎啬 小篆

◎啬 隶书

“啬”的引申义

由于收谷入仓，是农耕劳动的最后收官之举，因此有时“啬”也直接用以指代农事。例如古时农事又称为“啬事”，农夫又称为“啬民”或“啬夫”，传说中最先教民耕种之人则称为“先啬”。

得粮不易，存储须珍惜，“啬”便自然引申出节俭、爱惜的含义。《成王冠辞》中有：“远于佞。近于义。啬于时。惠于财。”这是说，要远离巧言令色的人，亲近忠义的人，要对时间报以爱惜，要对钱财施以慷慨。《道德经》中有：“治人事天，莫若啬。”大意为，对于治理人民和养护身心来说，最重要的是懂得爱惜节省之道。

凡事皆应有度，如果过于节省、过分爱惜，则是小气、抠门、悭吝了，这就成了“吝啬”。比如，“啬刻”是悭吝、刻薄，“纤啬”是抠门而计较细微。有时人们还半开玩笑半认真地发发牢骚，把歉收的年头称为“啬年”，这是在埋怨天公小气了。

◎啬 金文

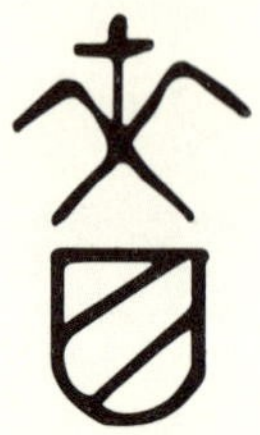
◎啬 金文

◎啬 隶书

◎啬 隶书

渐渐地，“啬”字专用来表示爱惜、吝啬之义，为了方便区分，避免误解，就另外给它加上“禾”字部首，新造了“穑”字，用以表示收谷入仓的本义，常构词为“稼穑”，泛指农耕劳作。《诗经·魏风·伐檀》中有：“不稼不穑，胡取禾三百廛兮？”意即你一不出力播种，二不出力收粮，凭什么白拿我的三百捆禾？这一句勇敢而正义的责问，喊出了劳动人民反对压迫与剥削的心声。

“啬”与“廪”

如果将“啬”的上下两部分颠倒，即把禾谷写在下，而谷仓写在上，这就成了“稟”，与“亩”字相似，它也表示粮仓。

禀

◎禀 楷书

粮食丰收入仓，依赖于风调雨顺的天时，是上天所赐的恩惠，因此“稟”带上了赋予、赐予的含义，此时读作“bǐng”。后来其字形又在楷书阶段演变为“禀”，就是将字下部的“禾”变作“示”，从其本义出发进行引申，有领受、承受之义，构词如“禀赋”“禀性”；引申为下对上的报告等，又有了“回禀”“禀告”。

◎廪 小篆

当“禀”以这些引申义频繁出现，人们便又在其字形基础上另加一个“广”，增造了“廪”，专门用以表示粮仓的本义。《管晏列传》中有：“仓廪实而知礼节，衣食足而知荣辱。”意即百姓在粮仓充实、丰衣足食以后，才能顾及举止的礼仪和规矩，重视为人的荣誉和耻辱。

◎廪 隶书

◎廪 楷书

◎亩 金文

禾谷之颐养，至于“亩”而有纳粮收谷之所，得以藏之储之，惜之蓄之。一家储数口之粮，邦国蓄万民之养；粮谷丰收方可有小家之治，仓廪充实所以成大国之礼。

科称

谷物入仓，得以妥善存储。不过，在这前后，还有一些重要的问题要弄清楚：谷物是粟还是麦，品相等级如何？一季收粮多少，较往年如何？若行交易或纳税，怎样计算轻重？这就需要对谷物进行一番细致的衡量。描述衡量谷物这件事的字，一个是『科』，一个是『称』。

“科”的含义

“科”字始见于篆文，字形同其楷书，由“禾”“斗”两部分构成，表示以一种叫作“斗”的量器来量谷物。“斗”字最初就像一把有长柄的勺子，可装酒或称粮，是古时常用的容器、量器之一。

以斗量谷物，是为分出谷物的品类和等级，因此“科”就引申为程度，等级。《论语》中有：“射不主皮，为力不同科，古之道也。”意思是，比赛射术，不以箭是否穿破了箭靶来分高下，因为人的力气大小、等级生来不同。孔子的言外之意是，射礼在乎射中而不在乎贯穿，强调射中之仪礼，而轻武力之强弱。君子尚礼不尚力，修习射艺，古人讲求“发而不中，反求诸已”[1]，射不中因为己之目视与身姿未

◎小篆

◎楷书

◎隶书

---

[1] 出自《孟子·公孙丑章句上》：“仁者如射，射者正己而后发。发而不中，不怨胜己者，反求诸己而已矣。”

正，归根结底在于心志之未正。因而，作为“六艺”[1]之一的“射”之大义，在于立德正己。

为分别人才的等类，古有科举考试，科举考试的科目可称“科”，构词如“登科”“科场”，如今学术或业务的类别，也可以称“科”，构词如“工科”“理科”“学科”“科目”。生物学上将动植物按相似特征来划分等类，这就有了动物中的“猫科”“犬科”，植物中的“禾本科”“木兰科”。

衡量事物总需要一定的标准，“科”便又引申出法则、条文等含义。“照本宣科”，意即照着本子念上面的条文而不知变通；“金科玉律”，是指一种完美而不可改变的法律条文。诸葛亮在《出师表》中劝告刘禅：“若有作奸犯科及为忠善者，宜付有司论其刑赏。”这是说，如有作恶违法的人，或行为忠善的人，都应该交由主管官吏来评定他们应有的奖惩，以示公正无私。其中的“科”，则是指法令，条目。直至今日，曾因触犯法律而受刑事处罚的人，仍还被人们称为有犯罪“前科”。

无尖不商

有一个与“科”字所言以斗量谷之事相关的成语：“无尖不商”。古以升斗作量器买卖粮食时，商家会先把斗填得满满

---

[1] 六艺，即礼、乐、射、御、书、数。

的，然后再用戒尺一类的工具刮去升斗口上富余隆起的谷物，这样就能称出分量准足的粮食了。这还没有结束，等到银货两讫成交之后，商家往往会另外舀一些粮食放在斗上。这样，本来已经抹平的粮食表面便会鼓起一撮小“尖”，这是为了在买卖公平的基础上再让利一些给买家。慢慢地，这种让利之心成为商家们的一

种共识，这就有了“无尖不商”的说法，意即不能让粮食冒尖多让利的，就不要做商人，它成为古时对生意人的一种较高道德期许，是一个有温度的词汇。但是时移世易，词中冒尖的“尖”，不知何时变为了奸诈的“奸”，成了一个让人生厌却广为流传的词。新词诞生本身没什么，就怕这种曲解以后的词反过来误导人们的价值观念。因此有时对汉字的追本溯源、寻根究底，具有颇为深层的意义。

◎称 楷书

“称”的含义

“称”的繁体字写作“稱”，它的构形源于其篆文，左边的“禾”表示谷物，右边的“爯”似人一手提物在掂量多重，两部分合而会意：权衡谷物的轻重，泛指权衡轻重。

◎爯 小篆

《管子·明法》中有：“是故有法度之制者，不可巧以诈伪；有权衡之称者，不可欺以轻重；有寻丈之数者，不可差以长短。”这是说，有了法度的裁断，人们就不能通过伪诈来取巧；有了权衡的称量，人们就不能利用轻重制造欺骗；有了寻丈的计算，人们就不能利用长短制造差错。《周易》中有：“君子以裒多益寡，称物平施。”意思是，君子总是损多益少，取长补短，权衡轻重，均衡施与。

◎爯 甲骨文

◎爯 金文

由衡量轻重，“称”继而引申为普遍意义上的衡量和揣度多寡好坏。《晏子春秋》中有：“称财多寡而节用之，富无金藏，贫不假贷，谓之啬。”意思是，衡量财物的多少而节省用度，富时不一味积攒财物，穷时也不会去借贷，这叫作“啬”。“啬”是君子的行为，其德胜于“吝”“爱”。[1]

1 此处的“啬”指珍惜节约，能自养又能助人；“吝”指悭吝小气，只能自养，不能助人；“爱”指守财为奴，既不能自养，也不能助人。

称物需将其提举而起，因此“称”又引申为举、兴、发起。古时讲“称兵”，就是兴兵、举兵，发动军事行动；“称乐”，就是起乐、举乐，演奏乐曲；“称觞举寿”，就是举起酒杯来祝寿。举荐是将人才提向高位，因而可以说“称荐”或“称举”；赞扬推崇是抬高对方身位，因而就有了“称许”“称颂”。举荐、赞扬之事都需要借助于言语，“称”便进一步引申为述说或称作，前者如“额手称庆”“拍手称快”，后者如“称王称霸”“俯首称臣”。

◎称 隶书

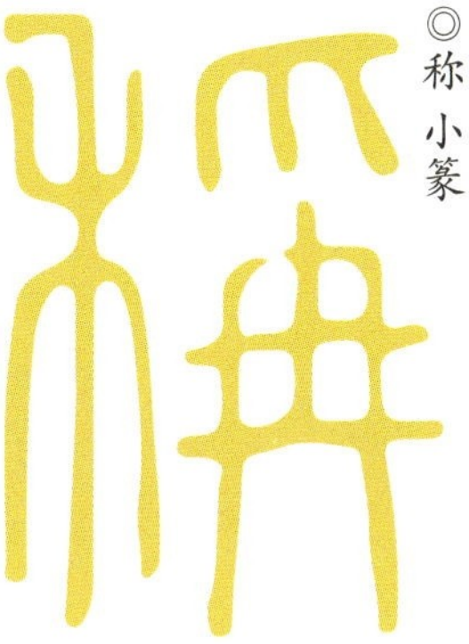

◎称 小篆

◎称 隶书

“称”如今还是个多音字，又念作“chèng”或“chèn”，两种字音各自对应的含义，也都从权衡轻重的本义引申而来。用以权衡物体轻重的工具，就叫作“称”，后写为“秤”，这时念作“chèng”，构词如“秤砣”“秤杆”“天秤”；而经过衡量之后，发现两件事物权重相当或者特质相合，也叫作“称”，此时念作“chèn”，构词如“相称”“对称”“称心如意”。

称赞的讲究

称赞，是有讲究的。一来讲究不自我赞许。《国语》中有：“君子不自称也，非以让也，恶其盖人也。”这是说，君子不自己称扬自己，重点不在于谦让荣誉，而在于担心遮蔽了别人的光芒。二来讲究赞许到点子上。《论语·宪问》中有：“骥不称其力，称其德也。”孔子认为，千里马最值得称赞的并非力气，而是品德。力气虽大，没有品德也难以奔驰千里。三来讲究从言语落实到行动中。《礼记·表记》中有：“故君子问人之寒，则衣之；问人之饥，则食之；称人之美，则爵之。”君子关心他人寒冷就给予衣服，得知他人饥饿就给予食物，称许他人美德就给他相应的官爵。当然，予爵之事是于在上位的君主而言，对于一般人来说，既然称许，就应从善如流、向其学习。

◎称 楷书

◎科 楷书

禾谷之颐养，至于“科”“称”而有分别衡量之举。谷生谷成，其质不同，终应各当其值，各有所归。

香

禾谷经过种种加工过程，终于该进仓廪的进仓廪，该入市流通的入市流通。劳作告一段落，人们终于暂时安下心来。经过适当的烹饪，这一粒粒金黄的禾田苦心，终于成为酬人辛劳、除人饥饿的盘中之餐。它是什么气息滋味？为此，古人又造了一个颇为美好的字——『香』。

“香”的本义

“香”的甲骨文构形中，下面的部分表示盛粮食的器皿，上面则是几个散落的点围绕着一株“禾”，表示禾谷上有许多籽粒。上下两部分合而会意：禾谷之味芳馨怡人。

◎甲骨文

◎小篆

◎金文

◎隶书

◎楷书

在其后的字形演变中，上部分的“禾”及其周围的点，有时也写为表示麦子的“来”，虽有不同，但皆指谷物；下部分的“甘”，可表示口有食物之甜美，这又比原先所表达的意思更进了一步。不过这种情况在隶书之后有所改变：字形上部分的“禾”字原封未改，下部分却被改为一个与“甘”形似却没有什么意义关联的“日”字。

《诗经·周颂·载芟》中有：“有飶其香，邦家之光。”意思是，祭献之食散发着香气，是我丰饶邦家的荣光。《诗经·大雅·生民》中有：“卬盛于豆，于豆于登。其香始升。”这是说，祭食陈于碗盘中，木器瓦器纷纷派上用场，热气蒸腾，香气飘升。其所言说的是，华夏先民以禾谷熟食行献祭之礼，敬天地之德，谢先祖之恩；神明未奉，虽一粒而不敢先尝，这是对五谷之香最极致的喜爱与珍重。

“香”的引申义

由本义禾谷之味芳馨怡人，“香”便引申为普遍事物的芳馨，嗅觉上的怡人、好闻。花有“满架蔷薇一院香”，茗有“赌书消得泼茶香”，果有“月殿先收桂子香”，书有“寄梅浑讶驿书香”，墨有“犹带唐人翰墨香”，酒有“青杏园林著酒香”。

自上古时代起，先民除了用谷物熟食及谷酿之酒来献祭之外，还早以各种草木发香之物制成香薰，作为

敬奉神明、祭祀先祖，或清净身心之物，形成华夏文明独特的“香文化”。人们至今常言的“盘香”“线香”“香炉”“香案”“香篆”[1]，都是这一古老文化的体现。古时常说的“沉檀龙麝”，代表中国四大名香：沉香、檀香、龙脑香和麝香。至于宋代，香已入寻常百姓家而成为生活用品。尤其是当时的文人雅士，往往兼善焚香、点茶、插花、挂画，四者并称“宋人四艺”。词人李清照就多次记述其香雾缭绕的日常起居，言如“薄雾浓云愁永昼，瑞脑销金兽”，“瑞脑”即龙脑香的别称；再如“淡荡春光寒食天，玉炉沉水袅残烟”，“沉水”即沉香的别称。

从古至今，女子喜用香、善用香、人亦香。美丽佳人被赞誉为“天香国色”，温柔君子则懂得“怜香惜玉”。《孔雀东南飞》中，刘兰芝有“红罗复斗帐，四

[1] 一指形似篆文的香料，也指焚香时所起的曲折似篆文的烟缕。

角垂香囊”；李白见溪畔采莲女，明丽如“日照新妆水底明，风飘香袂空中举”；杜甫思念的妻子，想象中是“香雾云鬟湿，清辉玉臂寒”；温庭筠笔下相思独守的女子，是“小山重叠金明灭，鬓云欲度香腮雪”；辛弃疾写上元良夕的蓦然心动，是“蛾儿雪柳黄金缕，笑语盈盈暗香去”。

◎隶书

◎楷书

◎楷书

世间有香之物岂止百千，若必要分其高下，则何者为上？古人说，实则嗅闻不到的那种香气，才是人世间最真最好的香。《尚书·君陈》中有：“至治馨香，感于神明。黍稷非馨，明德惟馨。”这是说，天下大治的盛世，有能感动天地之香；五谷没有这等香，光明之德才有此馨香。五谷有养人之恩，有谦逊之德；人食五谷以养浩然正气，是以人感五谷之恩，又与五谷同德，故能发君子真香。

禾谷之颐养，至于“香”而有天佑人奉之诚。熟禾馨香，养人为诚；君子奉香，敬天为诚。孟子曰：“诚者，天之道也；思诚者，人之道也。”